頭のいい人だけが知っている世界の見方

西岡壱誠

KADOKAWA

頭のいい人は
日常をどのように
見ることができるのでしょうか？

例えば、あなたが
「空を眺めた」としましょう。

多くの人にとって、
それは単なる
空を眺める瞬間にすぎません。

しかし、頭のいい人は
違った視点で見ることが可能です。

例えば、次のようなものです。

探究的思考

天気予報では「晴れ」っていってたけど……。そういえば、雲がどれぐらい出たら「くもり」って呼ぶんだろう？　空の何割が雲で覆われたら「くもり」と呼ぶ、みたいな指標があるのかな？

連想思考

あの雲、ネコに似てる！そういえば雲の形が動物に見える心理現象って、たしか「パレイドリア現象」っていう名前がついてたな。月の模様がウサギに見えたのもパレイドリア現象の一種だったはず。

推論思考

なんだか空全体がいつもより高いように感じるなあ。湿度が低くなったから？水蒸気が光を吸収する量が減って、空の青さが伝わりやすくなっているのかも。「秋の空は高い」ってよくいうけど、このことなのかな。

科学的思考

雲が白く見える理由は、雲粒（小さな水滴や氷の粒子）が太陽光を散乱させているからだっけ。「光の散乱」って物理で勉強したなあ。

同じように生活していても、
知識の蓄積や物の見方によって、
そこから得られる発見や洞察には
大きな差をつけることができるのです。

そこで頭がいい人はどんなふうに世界を見ているのか？

本書では以下のような能力を具体的な例を通じて
身に付けていただくことを目指します。

- 情報を整理して、論理的に考え関連性を見つけ推論することができる
- 1つの物事を深く考え、発展させることができる
- 複数ある選択肢から一番いいものを選べる
- 日常と学問を結びつけ、より多くの知識を得ることができる
- 考え方と視点を切り替えることで、感情をコントロールできる

これらの実用的な側面以外にも
頭のいい人はより世界を楽しむことができるのです。

頭がいい人が見ている世界は美しい

みなさんが街を歩くとき、みなさんの目には、どんな風景が広がっていますか？　例えば電車を降りて、駅から出て、信号を渡って、会社に着くまでの10分程度の間に、どんな景色を見るでしょうか？　当たり前ですが、電車を見て、駅を見て、改札を見て、信号を見て、そして会社の建物を見ることでしょう。なんの面白味もない生活を送ることと思います。

でも、人によっては全然違う景色が見えて、全然違う面白さを感じているのです。電車好きなら、「あ、この電車は○○って電車だな」と楽しめるでしょうし、駅名を見て「あ、渋谷って『さんずい』と『谷』ってことは、水害が多いんだろうな」と考えることができるでしょうし、信号を待っている間に「この人の動きって、関数で考えるとこういうグラフが作れるよな」と思うことができます。

同じ景色を見ていたとしても、知識や教養・思考の型があれば、全然違う景色が見えて、なんの変哲もない景色であっても、「面白い」と感じるのです。

小さい子が「なぜ勉強しなければならないの？」と大人に聞くことがあります。例えば過去にどんな出来事があったのかを学ぶ日本史は、人によっては楽しくないと感じるかもしれません。でも、日本史の勉強をちゃんとしている人は、博物館に行って「えっ⁉ これがあの足利尊氏が使っていた刀、骨喰《ほねばみ》なの⁉」というように、楽しめるポイントが増えるんですよね。日本史を勉強したら歴史博物館が面白くなるように、数学を勉強していれば、国語を勉強していれば、英語を勉強していれば、理科や社会を勉強していれば、世界が違って見えて、そしてそれが楽しいのです。

本書では、そんな「世界の楽しみ方」を伝えます。

「こんな景色が、こう見える」という面白さをみなさんに知ってもらい、明日からただ街を歩いていても面白いと感じられるような体験も提供したいと思います。

ぜひ、楽しんでください！

目次

第1章　数学的思考を持っている人が見ている世界

第2章 日常を紐解くことができる人が見ている世界

第3章　言葉の深層を理解する人が見ている世界

第4章 多角的な視点を持っている人が見ている世界

ブックデザイン　吉田考宏　—　イラスト　竹田嘉文
図解イラスト（P29、36、50〜52、85〜87、129）　山崎フミオ（sugar）
DTP　山本秀一、山本深雪（G-clef）　—　校正　鷗来堂
編集協力　高矢航志　—　編集　宮原大樹

第1章

数学的思考を持っている人が見ている世界

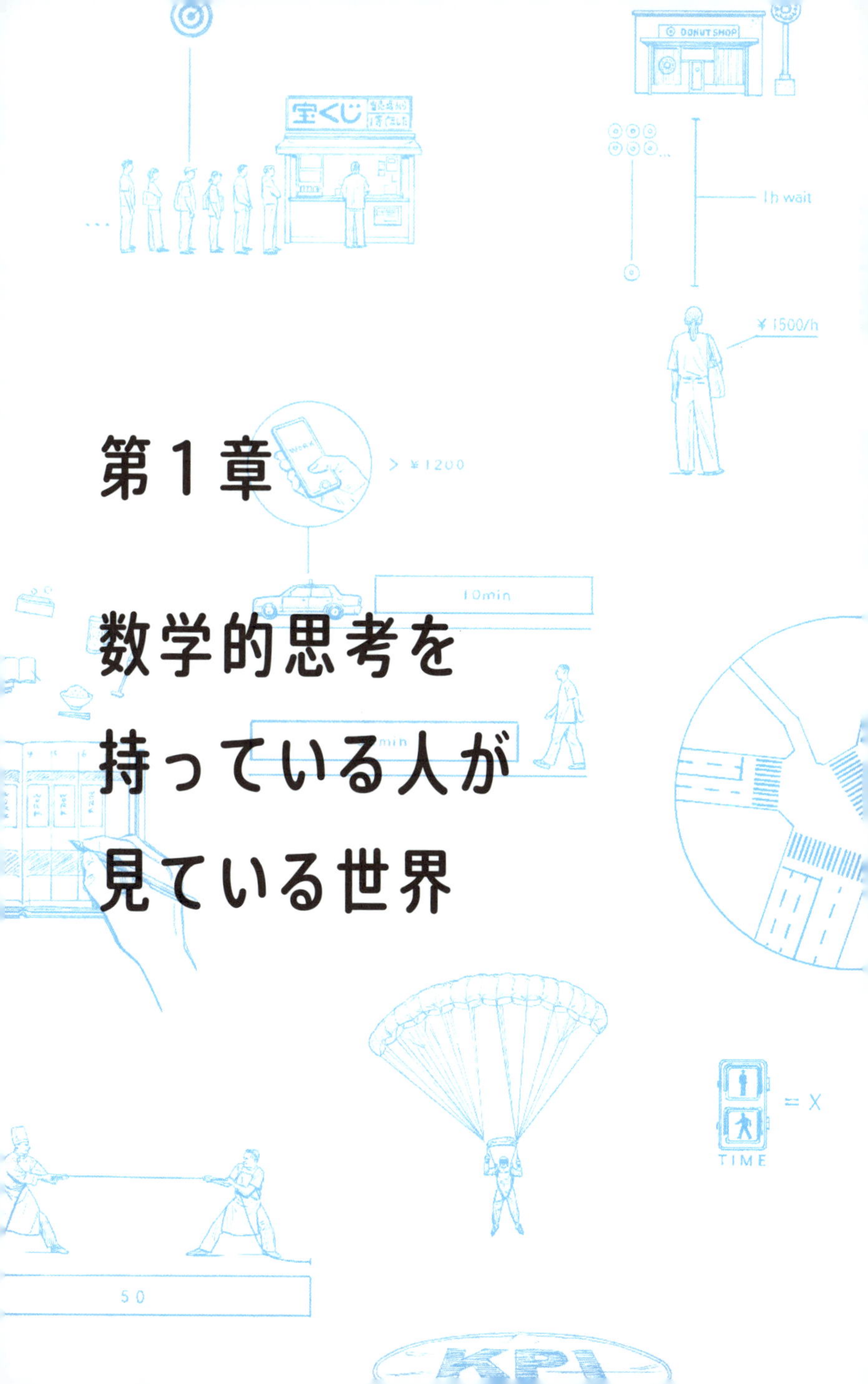

Theme

1

「330円」「726円」「1155円」「957円」を見て、11の倍数だと気付く

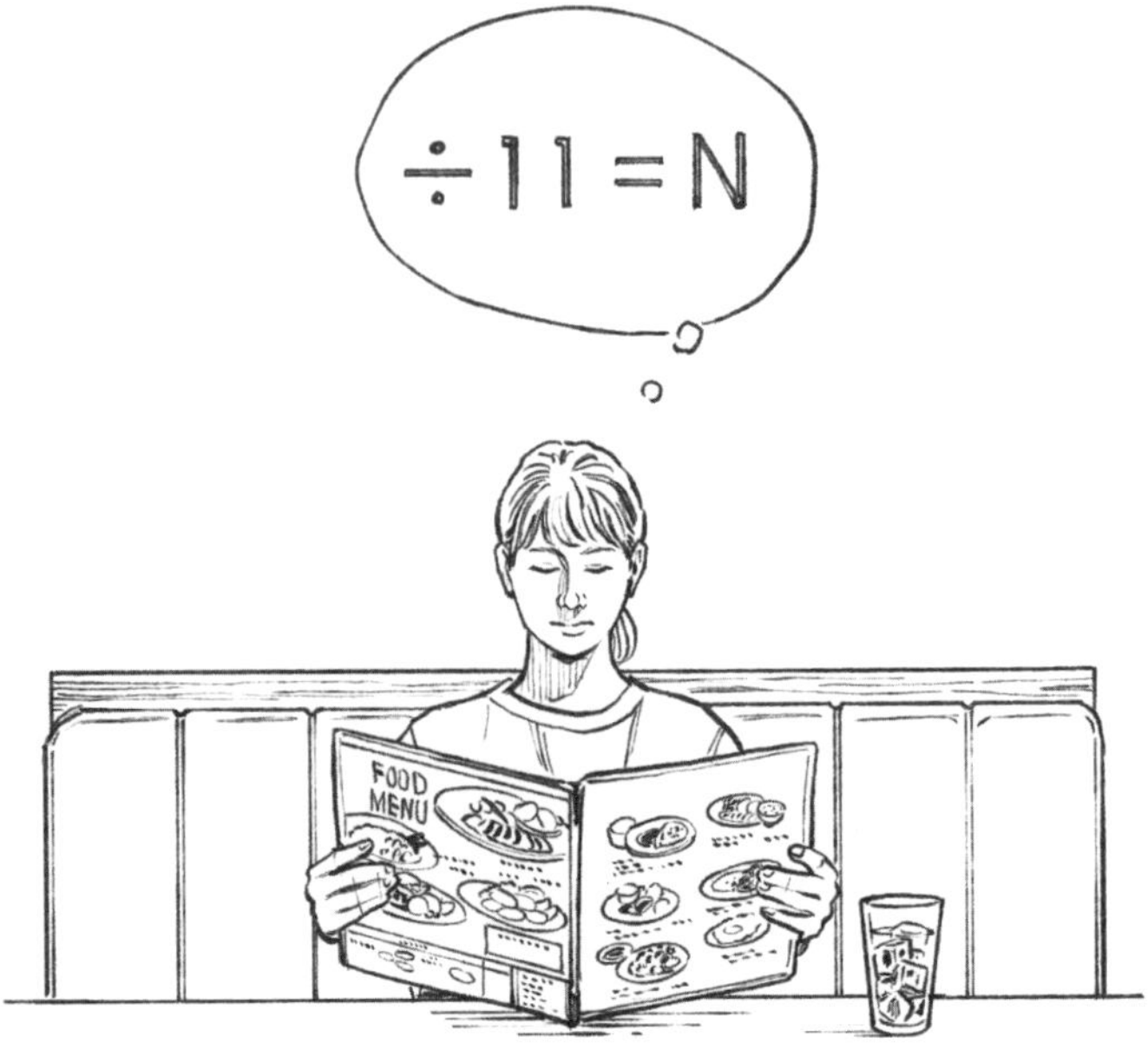

みなさんは、**数字の約数**に注目したことはありますか？

おそらく多くの人はそういう経験がないと思うのですが、数字の約数に注目すると、面白いことがわかる場合があります。

例えば、みなさんが４人でコンビニに行って、お菓子を買ったとします（全員イートインとします）。そして４人のお会計が、それぞれ「３３０円」「７２６円」「１１５５円」「９５７円」だったと仮定しましょう。

このとき、この**４つの数字を割ることのできる共通数＝「公約数」**は、なんでしょうか？

約数は、ある数を割りきることのできる整数のことです。

18なら2や3や6や9、32なら2や8や16のことを指します。

そして実は、例にあげた4つの数字は、すべて11の倍数になります。

「そんなの、わかりっこないよ」と思うかもしれないのですが、実はこれ、１つのカラクリがあります。

消費税が10％かかるんです。10％の消費税がかかるということは、お会計の金額は１・１倍された後のものであり、つまりはほとんどの場合11の倍数になっているのです。

300円（商品の値段）×1・1（1＋消費税率）＝330円
660円（商品の値段）×1・1（1＋消費税率）＝726円
1050円（商品の値段）×1・1（1＋消費税率）＝1155円
870円（商品の値段）×1・1（1＋消費税率）＝957円

例外的に、1・1倍して小数が出る場合は切り捨てになるので、すべてが必ず11の倍数というわけではないのですが、それでも多くの場合、お店で買った商品の値段は11の倍数になっているわけです。

この話を知っていれば、**みなさんがコンビニでバイトしたとして、11の倍数のお会計になっていなかったら「あれ？　なんか計算間違っているかも？」と考えられます**よね。

このように、消費税を考慮することはいろんな場面でビジネスの成功につながります。自分はある経営者の先輩から「9000円の商品は作ってはならない」と言われたことがあります。「なぜ？」と聞いたら、「１・１倍すると９９００円で、すごく半端な数になってしまうから」だと言われました。

そのくらいの値段の商品を作るなら、９０９１円の方がいい、と。

実際、９０９１円を１・１倍すると

９０９１円×１・１（消費税）＝１００００・１円（端数切り捨てでちょうど１万円）

になるわけですね。確かにこの方が計算が早くなって、事業計画も立てやすいように感じます。一方で、９９００円で打ち出して、心理的に「１万円以下」として魅力的に映すという手段もあります。

結局のところ、価格設定は顧客ニーズに合わせる必要があるので、ケースバイケースにはなりますが、知っているか否かではビジネス戦略に大きな差が生まれます。

また、こんな話があります。２０２０年、ファミリーレストランの「サイゼリヤ」は、メニューの価格改定をしました。

その多くが「１円の値上げ・値下げ」でした。

「たった1円？　なんで？」と多くの方が指摘していたのですが、このサイゼリヤの戦略は非常に数学的に正しいものだったのです。

さて、価格改定後の税別価格はこんな感じでした。

・辛味チキン　273円
・爽やかにんじんサラダ　182円
・コーンクリームスープ　137円
・ミラノ風ドリア　273円
・マルゲリータピザ　364円

一見、なんの変哲もない数字ですね。ですがこれ、税込価格に計算するととんでもないことがわかります。

・辛味チキン　300円
・爽やかにんじんサラダ　200円

・コーンクリームスープ　１５０円
・ミラノ風ドリア　３００円
・マルゲリータピザ　４００円

そう、下二桁が「0」「50」円の、計算しやすい値段になっているのです。

こうすると、使う硬貨が少なくなりますよね。「0円」「50円」なら、１円とか5円とか10円とかを使う必要がなくなり、５００円玉と１００円玉と50円玉で済みます。

これがサイゼリヤの狙いだったわけです。このように、消費税を考えつつ数字をしっかりと理解することはビジネスを有利に進めることにつながる場合があります。

ちょっとした約数を考慮することで、計算が上手になったり、うまく物事を進められるようになったりすることがあります。ぜひ参考にしてみてください。

Theme

2

タクシーに乗るか迷ったときに、「何分儲かったか」と考える

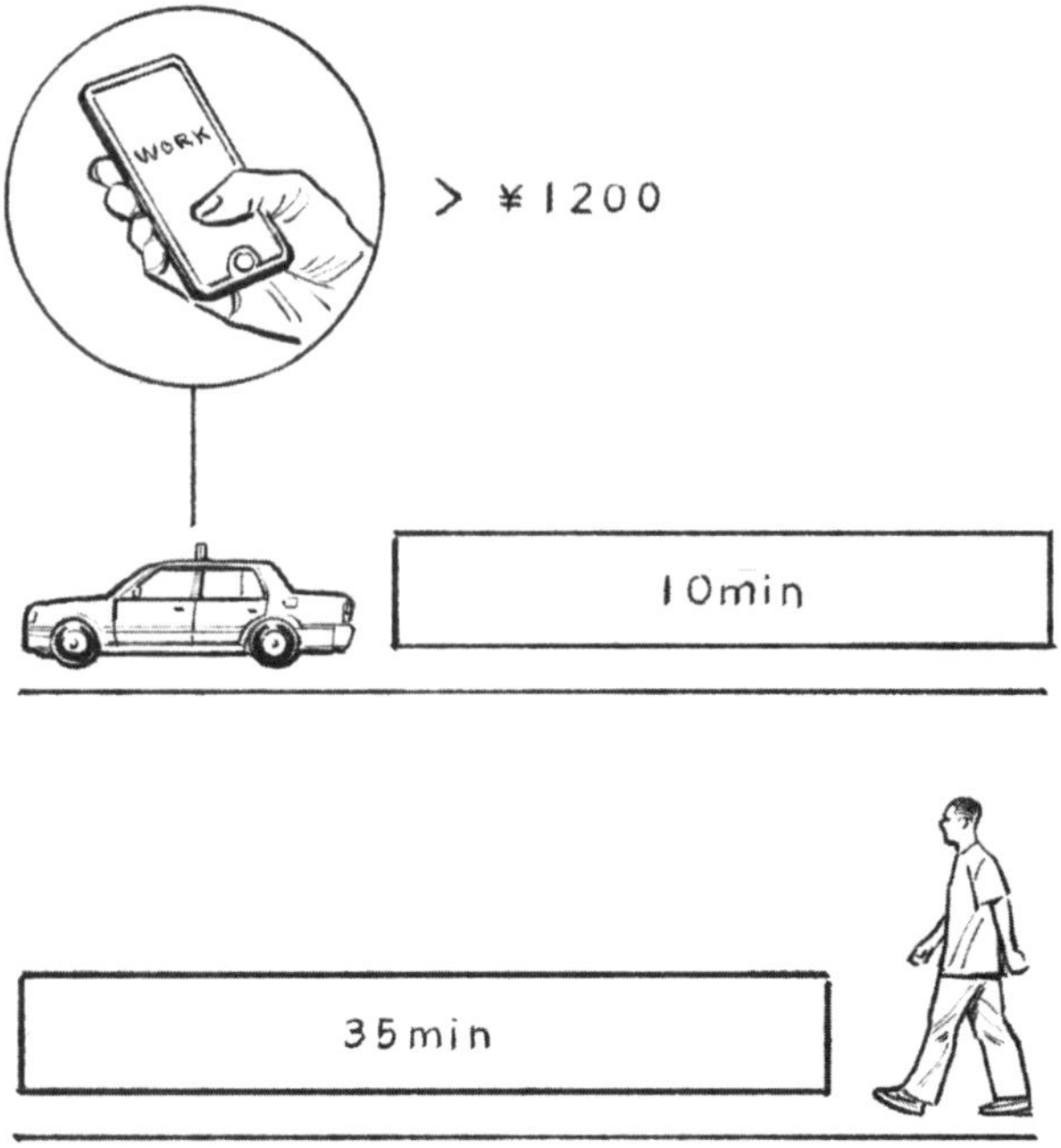

みなさんは、タクシーに乗ることはどれくらいの頻度であるでしょうか？

地方に住んでいる人であれば、自分で車を運転して行動する人も多いでしょうが、都会だと自分の車を持っている人は少なくて、駅を利用しての電車移動が多いと思います。しかし、自分の車を持っていないと、駅から遠い場所に行くのに少し苦労する場合が多いのではないかと感じます。

仮に、「歩いていけば35分で着くけれど、タクシーに乗れば10分で着く場所」に行かなければならないとします。タクシーに乗ると、１２００円くらいかかります。

さて、みなさんだったらタクシーに乗りますか？　それとも歩きますか？　もちろん、暑いか寒いか、雨が降っているのか晴れなのかによって話は変わってくると思いますが、このとき、合理的な人はどんなことを考えて判断しているのでしょうか？

ここでみなさんに知っておいて欲しいのは、**「時間をお金で買う」という概念**です。まず、「歩いていけば35分」で「タクシーに乗れば10分」なのであれば、25分は時間が短縮できることになりますよね。さらに、そのタクシーの中で仕事をすることも可能で、５分は仕事ができるとしてだいたい30分は時間を有効活用できることになります。

そして、その分の時間に対する対価が、「1200円」となるわけですね。

つまり、タクシーに10分乗るというのは、30分を「1200円で買った」ということに他ならないのです。もしこのタクシーに乗る人が、1時間で2400円以上を稼ぐことができる人だったとしたら、乗ることで得をしていると考えることができます。会社員であっても同じです。その30分で、1200円以上の価値を生むことができるのであれば、会社としては経費が1200円かかったとしても、会社の利益になるわけです。

このように考えれば、他のことも含めて、「時間をお金で買う」ということは可能になります。今の時代、いろんなサービスを使うことで、時間をお金で買うことは可能です。

例えば、新幹線に乗るときに、自由席が満席だったとします。自由席を利用するとその時間は立つことになってしまい、仕事ができませんが、指定席を買えばその分の時間を買うことができます。食事を作るのにかかっている時間が毎日1時間なのであれば、食事を買ったり外食をしたりすればその時間を買うことができるかもしれません。

「タイムイズマネー（時は金なり）」と言いますが、今の時代はまさに、時間をお金で購入するということがどんどん可能になっている時代です。

ネットで副業することは簡単になっており、クラウドワークスなどの仕事を使えば、「1時間で終わる仕事を受注しよう」と考えることができます。

自分の時間を売ることも、自分の時間を買うことも、簡単になっているのです。そういう点で言えば、タクシーは「移動するもの」というより、「お金で時間を買うもの」だと言えるのかもしれません。ぜひ、そういう見方をしてみていただければと思います。

Theme

3

お客さんの数が減ったら、「人気がなくなった」のではなく「どこにその数字が流れたのか」を考える

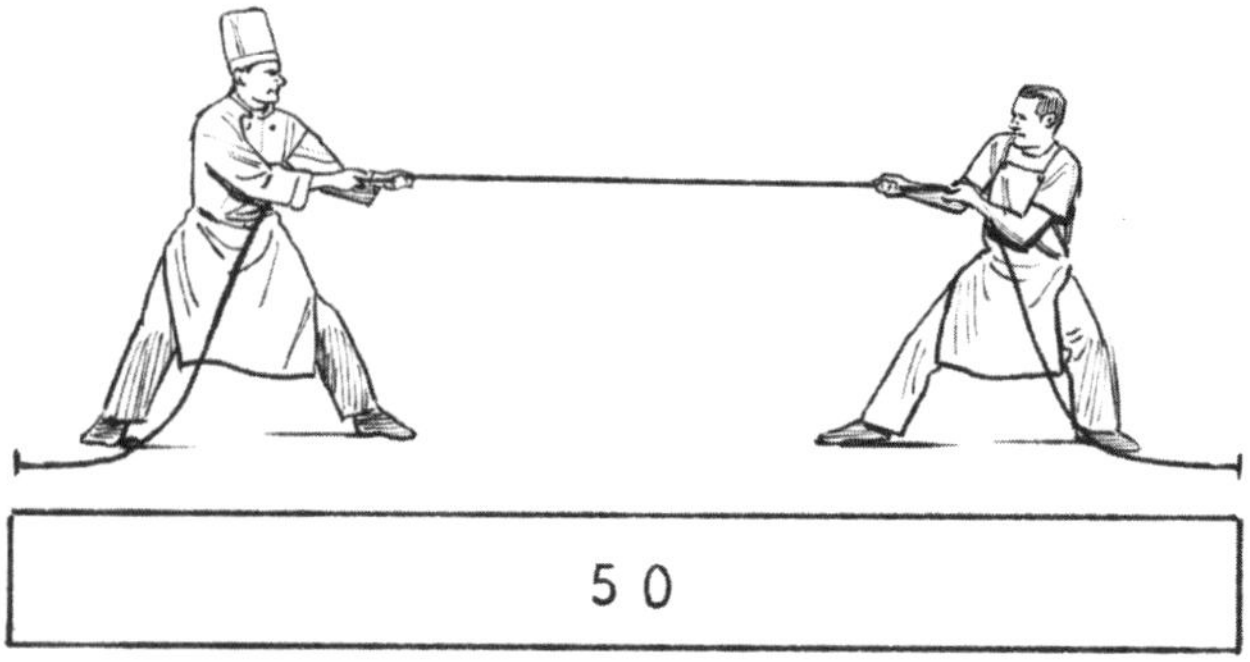

仮にみなさんが、レストランを経営しているとします。

順調にお客さんが入っていたのですが、３ヶ月前からお客さんの数が減ってしまいました。さて、みなさんはどんな風に考えるでしょうか？

「なんでだろう？　うちの店が人気じゃなくなったのかな」「飽きられてしまったんじゃないかな」と考えるのが普通だと思うのですが、合理的に考えると、もっと別の考え方をした方が結果的にうまくいく場合があります。

まず、そのレストランがある地域で外食をする人の数の平均が、約１０００人だとしましょう。そして、この１０００人のうち、５％の人がレストランに足を運んでいたとすると、50人くらいは毎日レストランに来ていたと考えられますよね。

この50人が減ったということは、２つの可能性が考えられます。

外食をする人の数「１０００人」が減った可能性と、**レストランに足を運ぶ人のパーセンテージである「５％」が減った可能性**です。

まず、その地域に人気がなくなって、１０００人いたお客さんが減ってしまったという可能性があります。どんな理由かはわかりませんが、その地域自体に来る人が減ってしまったのであれば、その店の人気が５％のままでも、お客さんは減ってしまいます。

そして、１０００人なのが変わっていなかったとして、レストランに足を運ぶ人の数が減ってしまった可能性もいくつか考えられます。もちろん、そのうちの１つとして、そのレストランの評判が下がってしまった可能性もあるでしょう。

でも、例えば別のレストランが新しくできてしまって、50人のお客さんのうち20人のお客さんが新しいレストランに行ってしまったとすると、その店の人気に関係なく、お客さんは減ってしまいます。

お客さんの取り合いになってしまっているわけですね。

こういう、**「合計は変わらなくて、他のところと人やお金を取り合うこと」**を、**経済学の用語で「ゼロサムゲーム」**と呼びます。「サム＝合計」が「ゼロ＝０」であることを示します。広い視野で見れば、**合計が変わらない状態の中でゲームをしている**という意味ですね。

今回はレストランを例としてお話をしましたが、別のものでも同じ話になります。

例えば日本は今、人口減少が顕著であり、地方都市の多くは「ウチに移住してくれ！」と移住のための政策を掲げています。ですが、その移住政策が仮にうまくいったとしても、日本の地域全体で見ればあまりいい傾向だと言えない可能性もあるのです。

仮に新しく5組の家族が移住してくれたとしても、その5組が、同じ県内にある隣町から引っ越してきたのであれば、県内の移住者の数は増えていないことになりますよね。「隣の地域から人を呼ぼう！」ではなく、「みんなで団結して、東京都や大阪府などの、多くの人が集まりすぎていて過密な状態になってきているところから人を集めなければならない」、という発想を持つことの方が、「ゼロサムゲーム」を回避できて、みんなにとってプラスなのです。

こうした、**広い視野で物事を考えることを、「マクロな視点」**と呼びます。ぜひ、参考にしてみてください。

広い視野で「若者の車離れ」を考えよう
マクロな視点の例

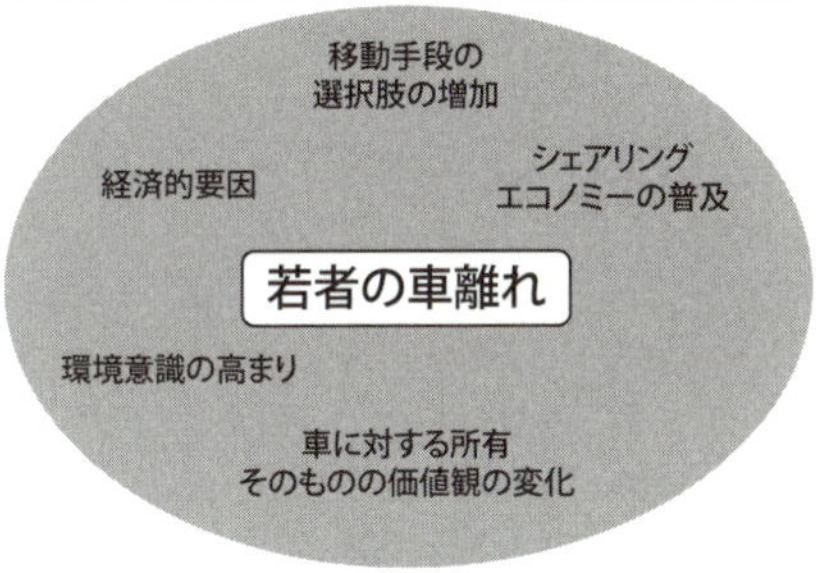

Theme

4

「お客さんがお茶を飲んだ」ではなく、「お客さんが45度以上コップを傾けた」と考える

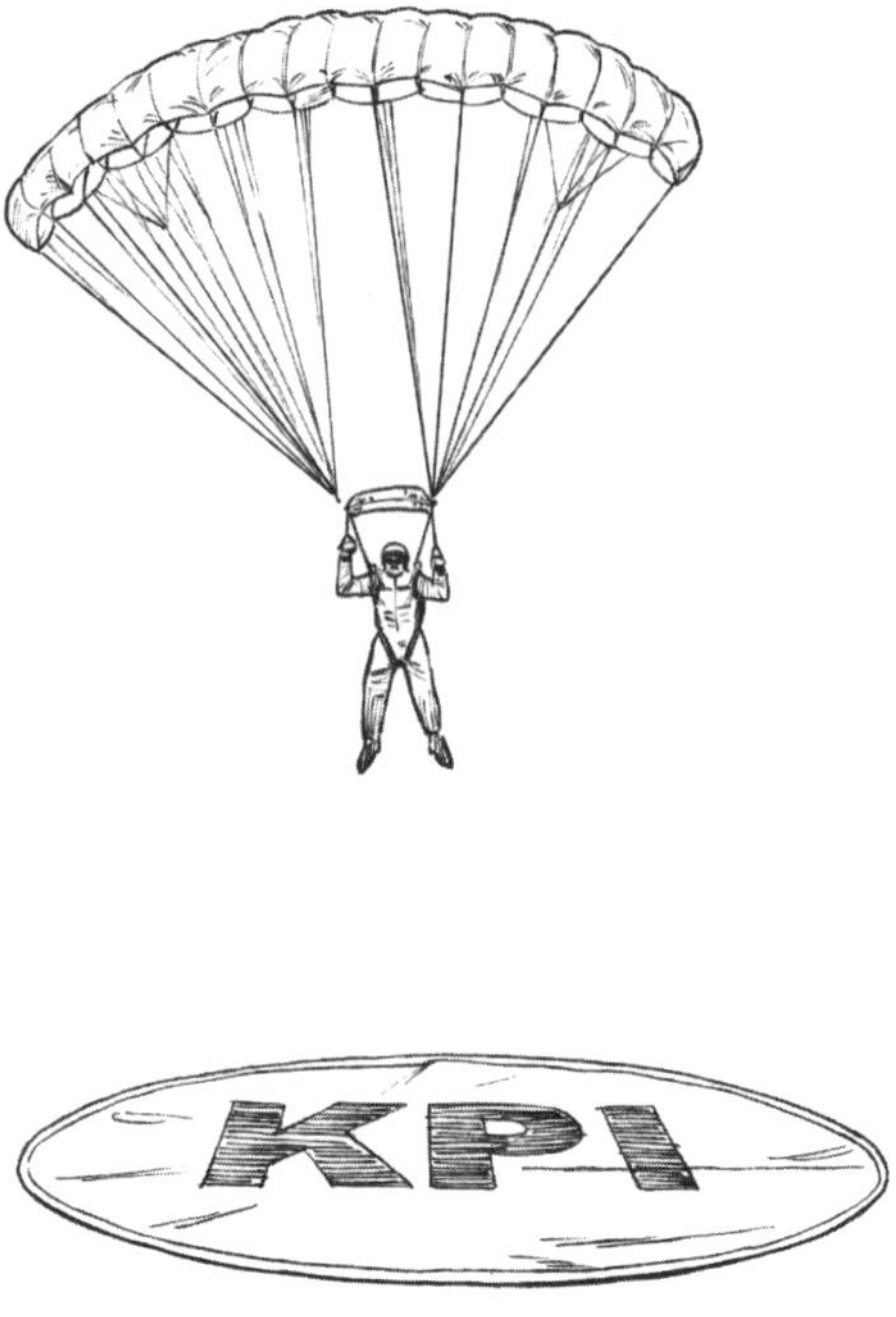

仮にみなさんが、牛丼屋さんの店長だとします。

お客さんが居心地のいい店を作りたいと思って、新しく雇った従業員に、「うちはお客さんに無料でお茶を提供しています。もしお客さんのコップのお茶が少なくなったら、どんどんお茶を注いでください」と指示しました。

しかし従業員は、「どのタイミングでお茶を注げばいいのかなかなかわからなくて大変だ」と言います。みなさんなら、一体どんな風に従業員に説明しますか？

人に指示をするというのは大変なことです。「常識的に考えて行動してね」なんて言っても、その人の常識と他の人の常識が全然違うというのもよくある話です。

人によっては「コップのお茶が少なくなったら」という言葉を、コップのお茶がなくなってから注げばいいと解釈することもあるでしょうし、逆にちょっとでもコップのお茶が減ったらガンガン注ぎにいくという人もいると思います。**共通の見解を持つことができないからこそ、なかなか指示は通らなくなってしまう**のです。

では逆に、「誰にとっても同じ解釈しか生まれない、共通の見解」を作るためには、どのように考えればいいのでしょうか？

この答えは簡単で、**「数字」を利用すればいい**のです。

例えば、「お客さんがコップを45度以上に傾けたらお茶を注げ」と指示するのです。45度以上傾けているということは、コップのお茶が半分を切っているということを指します（もちろん、これはコップの形状にもよりますが）。45度以上の角度で飲んでいるということは、お茶がもうコップにあまり入っていないということを示すことになるのです。人によって45度の定義が違う、なんてことはあまり考えられませんから、この指示であればタイミングを掴みやすいわけです。

ビジネスの用語では、「KPI」というものがあります。**「Key Performance Indicator」の略語であり、「重要業績評価指標・重要達成度指標」を表します。要するに、企業などが設定した目標を達成するために、進捗状況や成果を測定するための指標のことです。**多くの会社でKPIは設定されており、「この会社のKPIは、前年比の20パーセントの売上増だ！」なんて使い方をします。

そしてこれは、「指標」と言っているくらいなので、しっかりと「数字で測れるもの」でなければならないのです。

でも、なぜ数字でなければならないのかというと、先ほどの話と同様、「数字は共通の見解を生みやすいから」だと考えられます。「もっと売り上げが増えるように、もっと頑張ろう！」という指示を出すだけでは、「どれくらい頑張ればいいのか」が不透明ですよね。だから、数字で共通の見解が作られているわけです。

数字というのは具体的なものです。それについて他の人と意見が違うことはほとんどありません。しかし、そこに解釈が加わることで、人によって意見が変わってきます。例えばテストで「80点」だったとして、80点がいい点数なのか、それとも悪い点数なのかは意見が分かれます。でも、「80点」であることは変わりませんよね。「いい点数を取ろう」だと、意見が分かれてしまうわけですが、「80点を取ろう」なら目標が変わることはないわけです。

指示を出すときにはぜひ、「数字で」考えてみてはいかがでしょうか？

Theme

5

時刻表を見て、利用者がどれくらいなのかを把握する

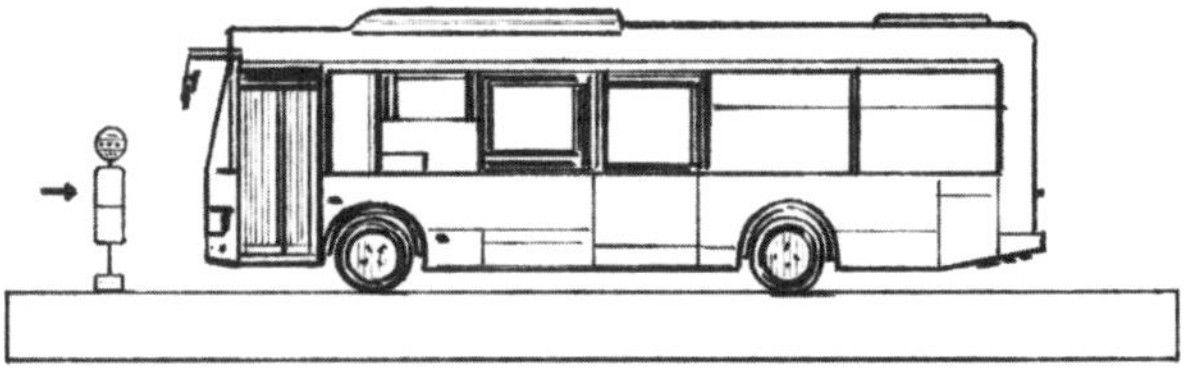

みなさんがバスや鉄道を利用するのは、どれくらいの頻度でしょうか？　日本のバス・鉄道はとても優秀で、他の国に比べて遅れたりすることがなく、基本的に時刻表通りに運行している場合が多いと言われています。そんな時刻表を見ると、「あること」がわかると言われているのですが、何かわかりますか？

2005年に、時刻表を使った大学入試問題が出題されました。何を隠そう、東京大学での出題です。

［問題］

次の表は、日本国内の4地点における時刻表を示したものである。

表の中のA～Dは、

①成田空港の上海行きの航空便

②東京郊外の住宅団地のバス停（最寄りの駅前行き）

③人口約10万人の地方都市の駅前のバス停

④人口約5000人の山間部の村のバス停

	A	B		C		D					
時	分	分		分		分					
6				55		27	40	52			
7				34		2	12	22	32	42	52
8	15			7	35	4	16	30	42	52	
9		50		20		14	35	55			
10		0		21	52	19	39	59			
11		25		32		19	39	59			
12				20		19	39	59			
13		50		53		19	39	59			
14		20		7		19	39	59			
15	45	5		20	42	19	39	59			
16				40		19	39				
17		0		15	50	0	14	40			
18		10	35	50		4	24	44			
19		5		25	56	4	24	44			
20		20		20		9	29	49			
21				15		9	29	49			
22						9	29				

いずれも月曜日の時刻(臨時便を除く)。

のいずれかである。A～Dに該当するものの番号（①～④）を、それぞれ答えよ。

※2005年 地理 第3問 一部改変

「どうして時刻表が入試問題になっているんだ!?」と思うかもしれませんが、この問題、実はめちゃくちゃ考えられているんです。

まず現在日本で、少子高齢化・地方の過疎化が深刻な問題になっているというのは、なんとなくみんな知っていることだと思います。だから④の「山間部の村のバス停」は、バスの本数も少なくなることからAが正解になります。

次にBですが、これは2つ特徴があります。1つは朝と夜に便がないことです。これを見て、勉強している人は「成田空港は24時間は稼働していない！」という知識と結びつけてこれが①だと考えられますし、そうでなくても「騒音が発生するからこれは飛行機なんじゃないか」と①と答えられます。ですがそこを見なくても、もう一つの特徴・発車時刻が5の倍数だというところで答えがわかる人も多いはずです。バスと違って、飛行機は「33分発」というようなことはありません。バスよりも多くの人数を収容するので、厳密さが求められ、時間は5の倍数であることがほとんどなわけです。飛行機に乗ろうとして「33分発です。だから15分前に搭乗手続きが必要です」とか言われたら、「え、何分に手続きすればいいんだ？」と思ってしまいますよね。このように、飛行機はわかりやすい時間で設定されていることが多いわけです。そこから①が答えだと考えてもいいですね。

最後に②と③、東京郊外の住宅団地のバス停と人口約10万人の地方都市の駅前のバス停なのですが、みなさんは人口約10万人の都市って思い付きますか？

多くの学生に聞くと、「うーん、10万人って多いから、やっぱりどこかの県庁所在地とか？」「香川県高松市とか、滋賀県大津市とか……」なんて答える場合が多いのですが、全然そんなことはありません。

高松市は約42万人、大津市は約34万人で、人口10万人というと新潟県小松市が約10万6千人となっています。自分の住んでいる市町村を答えられない人はいないでしょうが、自分が住んでいる市町村の人口なんて知らない場合が多いですよね。そこに、「10万人」という数字を持って来られると、「地方の中核を担っているような大きな都市かな？」と考えがちですが、意外と小規模なんです。

一方で、「東京郊外の住宅団地」というのは、それよりも利用者が多いです。郊外に住んで、そこから都心の職場や学校へと通勤通学する……という人は非常に多いです。そしてそういう場合、7時・8時台の電車やバスに乗るわけですから、この時間帯のバスが多いDが②となります。みなさんも通勤ラッシュの混雑に悩まされている人多いですよね？　普段から「なんで満員になるほど利用者が多いんだろう？」と考えていると、郊外の地域から都心へと移動する人が多いことを思い付いて、すぐに答えが出たはずです。

というわけで、この問題の答えは「A④、B①、C③、D②」となります。

このように、時刻表から読み取れる情報というのはあまりにも多いのです。「この路線を使う人はこれくらいの人数なんだろうな」「この時間帯は、多くの人が利用する時間帯なんだな」と考えることで、その地域のことがよく理解できるようになるのです。

バスや電車などの移動手段は、多くの人が利用するものだからこそ、その地域のことがよく理解できます。午前中と夜の時間に混むのであれば、それは多くの人が別の地域から移動してきているということがわかりますし、ずっと同じくらいの人数が使っている場合は、そこまで外の地域に移動する必要がないということでもあります。ぜひ参考にしてみてください。

Theme

6

「この宝くじ売り場は大当たり続出!」と聞いて、「利用者が多いんだな」と考える

「この宝くじ売り場はすごい！　3億円が3人も過去に出ました！」と聞いたら、みなさんはどう思うでしょうか？　おそらく多くの人は、「すごいけど、本当かなあ」と半信半疑になるのではないかと思います。全国のいろんな場所に、こうした「当たる宝くじ売り場」はあるわけですが、確率は同じはずなのに「当たる宝くじ売り場」「当たりにくい宝くじ売り場」が出るのはとても不思議ですよね。でも頭のいい人は、こういった宝くじ売り場を見て、全く別のことを考えるのです。

まずそもそも、なぜ「当たる宝くじ売り場」「当たりにくい宝くじ売り場」が出るのでしょうか？　その理由はシンプルで、**当選する人の「割合」は変わらなくても、「利用者」が多ければ、当選する人の「数」も多くなるから**です。

仮に、10万人が買うA売り場と、１００万人が買うB売り場があるとしましょう。10万分の1で当たるくじだと仮定すると、A売り場は1人くらい当たっている可能性が高く、B売り場は10人くらい当たっている可能性が高いですね。確率的にはとても当たり前の話です。が、「何人買ったか」を隠すと、話がややこしくなります。「A売り場は、1人当たっています」「B売り場は、10人当たっています」と言われると、「え！　B売り場ってそんなに当選しているの？　B売り場って当たりやすいのかな?」と考えてしまいます。

これは、分数の勉強をしている人ならわかると思うのですが、**同じ割合でも、分母が多くなれば、分子も多くなります。**「SSRが当たる確率1%!」というガチャは、理論上、100回回せば1回、1000回回せば10回当たる可能性があります。割合は一緒で「1%」ですが、片方は1回・片方が10回当たっているわけです。「当たっている宝くじ売り場」は、当たりの確率が大きいのではなく、「その宝くじ売り場で宝くじを買っている人が多い」というだけなのです。

さて、この話を聞いて「騙されないようにしよう!」と考えるのは大事なことかもしれませんが、もう一個重要なポイントがあります。それは、**「じゃあこの宝くじ売り場は、なんでそんなに利用者が多いんだろう?」と考えること**です。

もしかしたら、そういう「この宝くじ売り場は当たる!」という広告に釣られてやってくる人が多いのかもしれません。ですがそれと同時に、確実にその宝くじ売り場は、立地が良く、多くの人が利用する場所だと考えられます。

「当たる宝くじ売り場があるってことは、この場所って、利用者が多いんだな。ここでビジネスを始めたら、多くの人が利用してくれるかもしれない」なんて考えることができると、新たなビジネスチャンスにつながるかもしれません。例えばその地域にラーメン屋を出店したら人が集まるかもなどいろんなことを考えるきっかけになります。

割合という視点から考える思考は、他にもさまざまな場で役に立っています。もっと身近な例で、SNSについて考えてみましょう。

あなたはある投稿に1万いいねがついているのを見かけたとします。一見、その投稿をとても多くの人が面白がったり賞賛したりしている印象を受けます。しかしインプレッション（その投稿がタイムラインや検索結果などに表示された回数）が、もし1000万だったとしたら、はたして同じように感じるでしょうか。1000万回表示されたという数に対して、いいねをした人の数はその0・1パーセントにすぎないのです。もちろんインプレッションは必ずしも投稿を見たユーザーの数を示すわけではありませんが、いいねをした人よりはるかに多くの人が、その投稿を無視したことがわかるはずです。SNSの投稿の価値は、いいねの数ではなくインプレッションとの割合で推し量るという考え方もあるわけです。情報化社会の現代だからこそ、ネットリテラシーを身につける上で重要な観点ですよね。

Theme

7

行列を見て、自分の時給を確認する

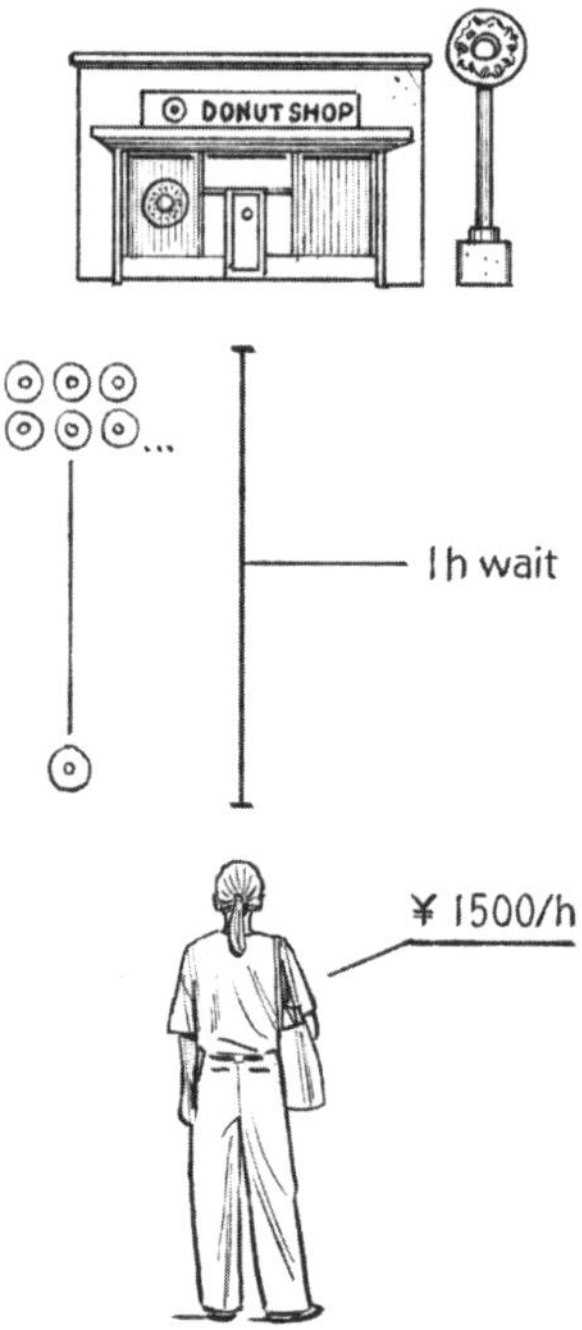

みなさんは、行列に並びますか？　10年ほど前、ミスタードーナツというドーナツ屋さんのチェーンで、人気ドーナツの半額セールが行われたことがありました。そのセールでは店舗によっては1時間待ちの行列になったそうです。

すごい話ですよね。

さて、頭のいい人はこれらの行列をどのように見ているのでしょうか？

どういう基準で、並ぶか並ばないかを選択するのでしょうか？

まず、みなさんは自分の1時間を「いくら」だと思っていますか？　基本的に人は労働をするときに、時間を売って対価としてお金を得ています。例えば1時間コンビニでバイトをする人は、自分の1時間をお店に売って、その代わりに時給として1200円程度のお金を得ていると解釈することができます。そして、準備が必要なものや、特殊な技能が必要なものほど、その時給が高くなっていきます。

仮に時給1500円のバイト先で働いている大学生がいるとしましょう。休みの日にふと、近くのお店が半額セールをやっていて、1時間待ちの行列になっていたとします。この場合、この大学生の1時間は1500円の価値があります。

もし1時間待ちの行列に並んで、1500円分の得をするのであれば、並んだ方がいいことになりますよね。3000円分以上の商品を買う気で、1時間並んでそれらを購入することができるのであれば、並んだ方が合理的だと言えるでしょう。

逆に、2000円分くらいしか商品を買う気がないのであれば、並んでもその労力に見合った対価が得られるとは言えません。1時間バイトをした方が、**自分の持っている時間を投資する先としては適切**だと言えるでしょう。

ということで、合理性だけで考えるのであれば、自分の時給と照らし合わせて考えるということをしてもいいのではないかと思います。

ただとはいえ、日本人はお祭り好きで、行列に並ぶことによるワクワクする感覚が欲しいという人もいるでしょう。このワクワク感は、何にも替え難いもので、お金を得る以上のメリットがあると考える人もいるかもしれません。

ミスタードーナツの行列も、おそらく時給以上の割引にはならないはずなのに並んでいるという人も多かったのではないかと思います。それでも並んでいた人が多いというのは、**みんな合理的な判断ができていないというよりも、「合理的には間違っているかもしれないけれども、それでも並びたい」と考える人が多かった**ということでもあると思います。

日本人はかなりお祭りが好きで、「並んだ」という体験にお金を払ったと解釈して満足する人もいます。「あの行列、自分も並んだんだよな」と言えること自体が自分にとってもプラスになる場合があるわけです。そういう、「お祭りとして行列に並びたい」という人は、並んでいいのではないでしょうか？

さて、数学的思考に話を戻しましょう。行列に並ぶという体験以外にも、「この行動に自分の時間をかける価値があるだろうか？」と判断を迫られる場面は日常の中でたびたび訪れます。行列のように必ずしもワクワク感が伴うわけではないでしょう。

そういった場面で求められるのは、ここで述べた通り、**自分の時間の価値を算出できる自己評価能力と、その結果に基づいて結論を出せる意思決定能力**です。こういった定量的な分析によって自らの行動を決定するという考え方を、頭のいい人は持っています。

自分の時間の価値と、その時間で得ようとしているものの価値が見合っているのか？ぜひそういった観点から、時間を上手に使ってみてください。

Theme

8

頭のいい人は、スクランブル交差点を見て、「4次関数のグラフだな」と考える

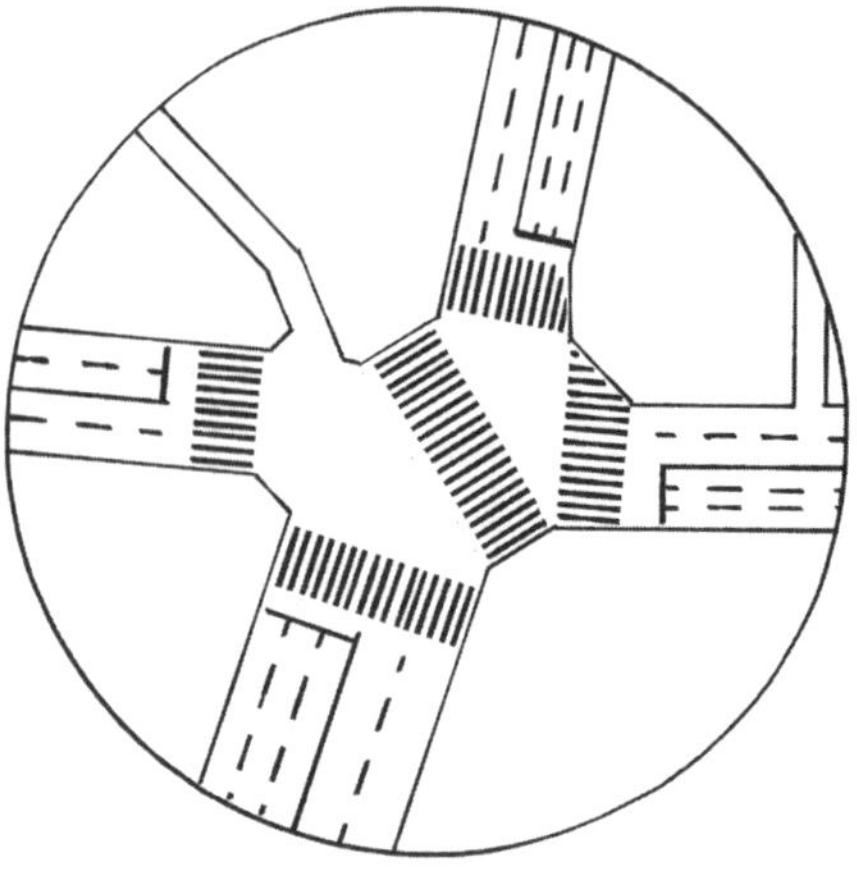

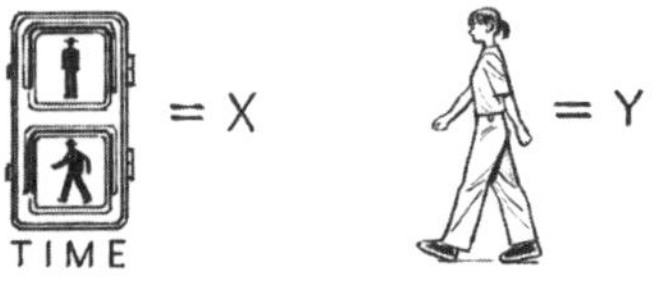

様々な場所に、横断歩道と信号がありますね。青信号は「進め」を意味し、人々は横断歩道を渡ります。また、赤信号は「止まれ」を意味し、人々は止まります。青信号から赤信号になる前には、青信号が点滅し、「そろそろ赤信号になるよ」ということを教えてくれます。さて、渋谷のスクランブル交差点は、複数の横断歩道が合わさってできている、多くの人が使う交差点ですね。

これが、**頭のいい人には「4次関数のグラフ」のように考えることができる**、というのです。「何を言っているのかわからない」という人も多いと思いますが、このテーマを読み終わる頃にはみなさんもそのような視点が見えてくるかもしれません。

まず、関数とはなんでしょう?

「$y=ax$」とか、そんな式を習った記憶がある人も多いと思います。**xの数が1つに定まると、yの数も1つに定まるとき、このxをyの「関数である」と定義**します。簡単な例を言えば、「1個100円」の商品を売っているお店があったら、お客さんが何個その商品を買うのかがわかれば、支払いの金額が決まりますよね。「3個買うなら300円です」「10個買うなら1000円です」と。このとき、「何個買うか」という数字が「関数」になり、式としては「y（支払う金額の合計）＝100

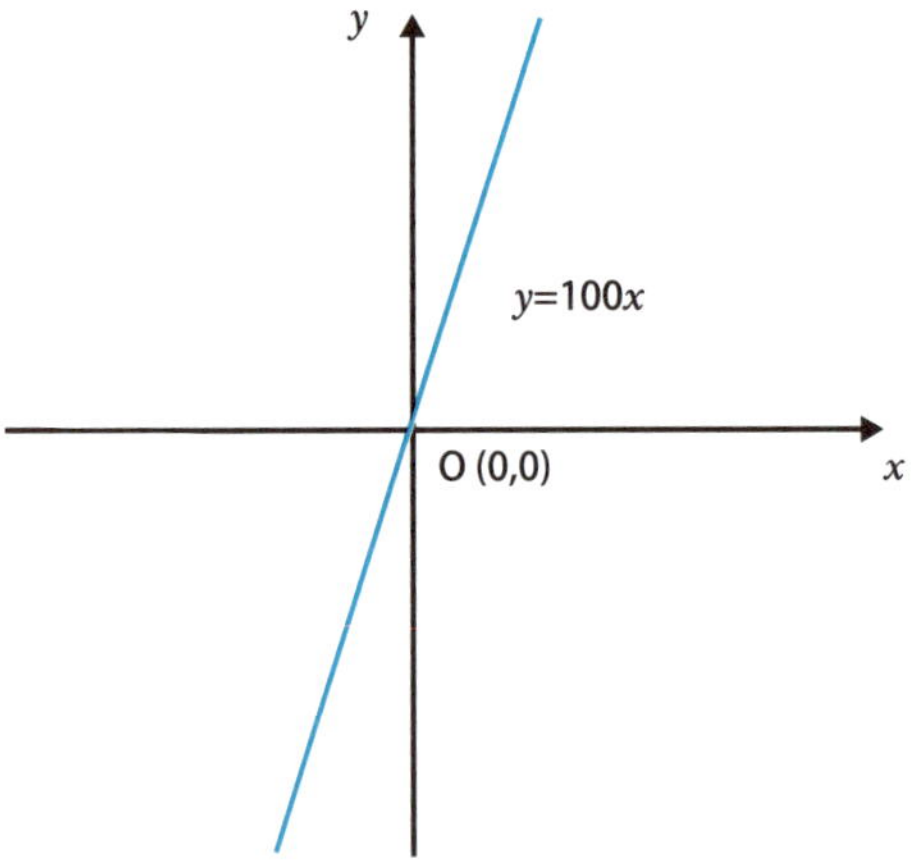

x（商品の個数）」となります。

そしてこれをグラフで表すと、上図のようにになります。

さて、このxが2乗されたり3乗されたりすると、グラフの形が左ページのように変化していきます（図はxを2乗したもの）。xの数がどうなるかによって、グラフの形がこんな風に変化するんですよね。

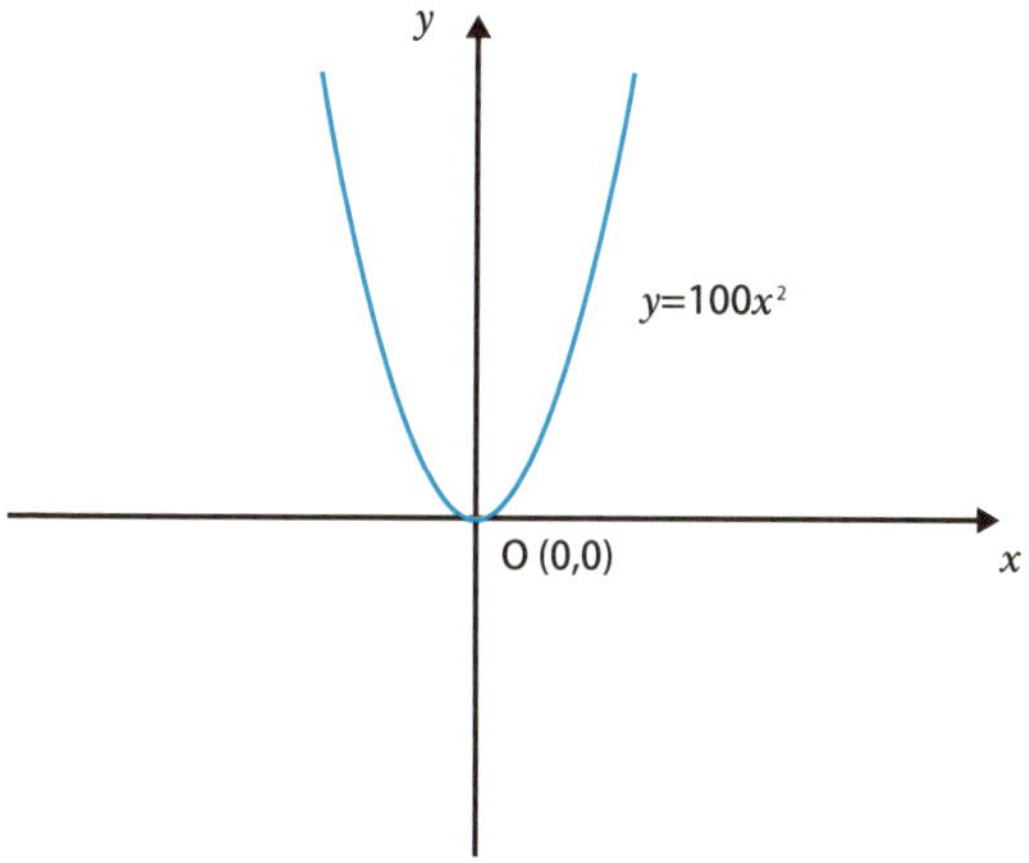

では、いよいよスクランブル交差点について考えてみましょう。

xは時間であり、yはその交差点を使う人の数だとお考えください。まず信号が赤から青になると、一気に多くの人が交差点を使いますね。赤信号で待っていた人が、青信号になった瞬間歩き出すわけです。これをイメージしたのが52ページのグラフです。グラフを見ると、xの数がまだ少ないとき、1つ目の山を登るかのように人の数yが増えますね。

そして、xがもう少し進んでいくとどうなるか？　どんどん人の数が少なくなっていきます。最初は一気に使わ

スクランブル交差点をグラフとして見立てた際のイメージ

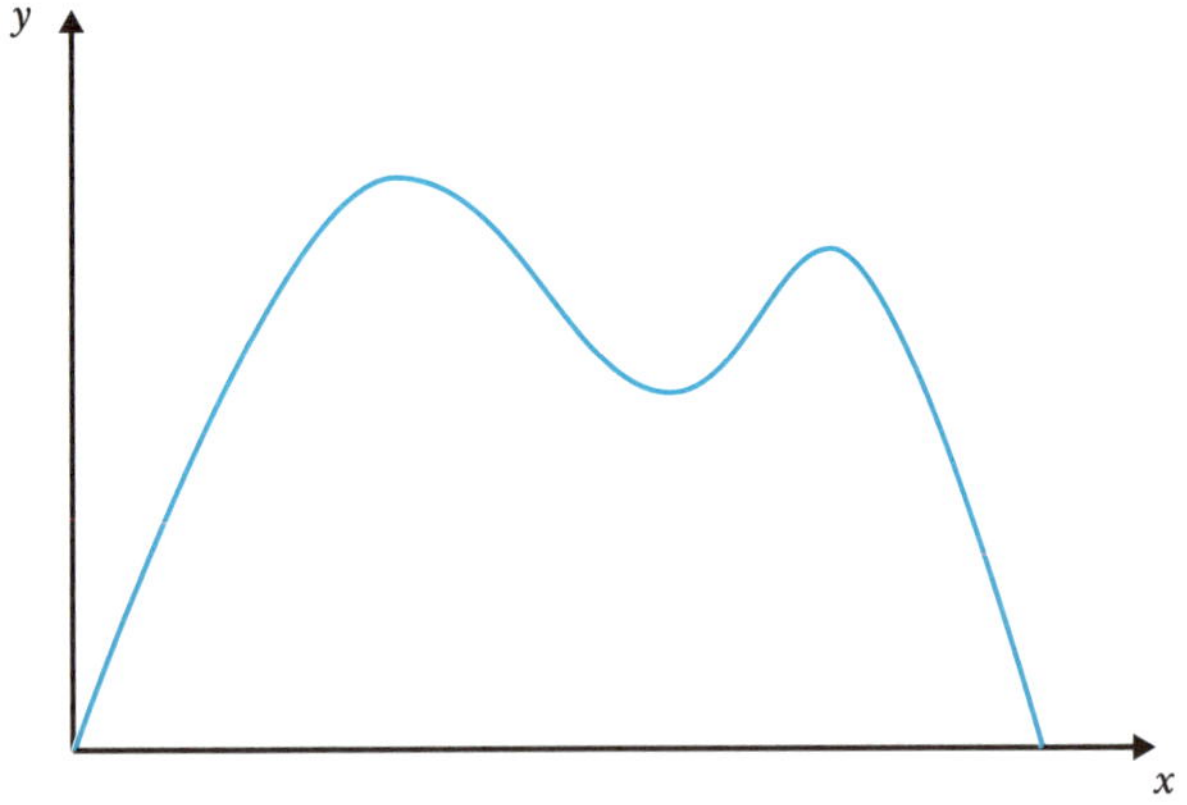

れていた交差点ですが、だんだん人の数は抑えられていきます。

しかし、青信号が点滅し出すと、一気に状況が変わります。「赤信号に変わる前に渡らなきゃ！」と多くの人が交差点を利用するようになり、最初のときのように多くの人数が横断歩道を渡り始めます。そうすると、グラフとしては2つ目の山の部分を登るかのように人の数 y が増えるわけですね。最後に、x が一定時間進み切ると、また赤信号になって、y は一気に0になります。このように考えると、厳密には4次関数ではありませんが、山が2つある4次関数のように捉えることができます。

同じように、x の数が決まると y の数がわかる、ということを活かすと、いろんな場所で応用することができるかもしれません。商品の数と値段・時間と横断歩道の人数・時間とお風呂の水など、様々な場所で x と y のグラフを作ることができて、頭の中で整理できるようになるかもしれません。

頭の中に関数のグラフを用意してみると、物事が整理しやすくなり、新しいアイデアが生まれたりすることもあるわけですね。

またこのような考え方は、言い換えれば「抽象化して認識する能力」であるともいえます。一見つかみどころのない複雑な現象でも、このような能力で法則やパターンを見出すことができれば、シンプルに考えられる可能性があります。ぜひ試してみてください！

Theme

9

頭のいい人は、1週間の予定を見て、変数と定数を考える

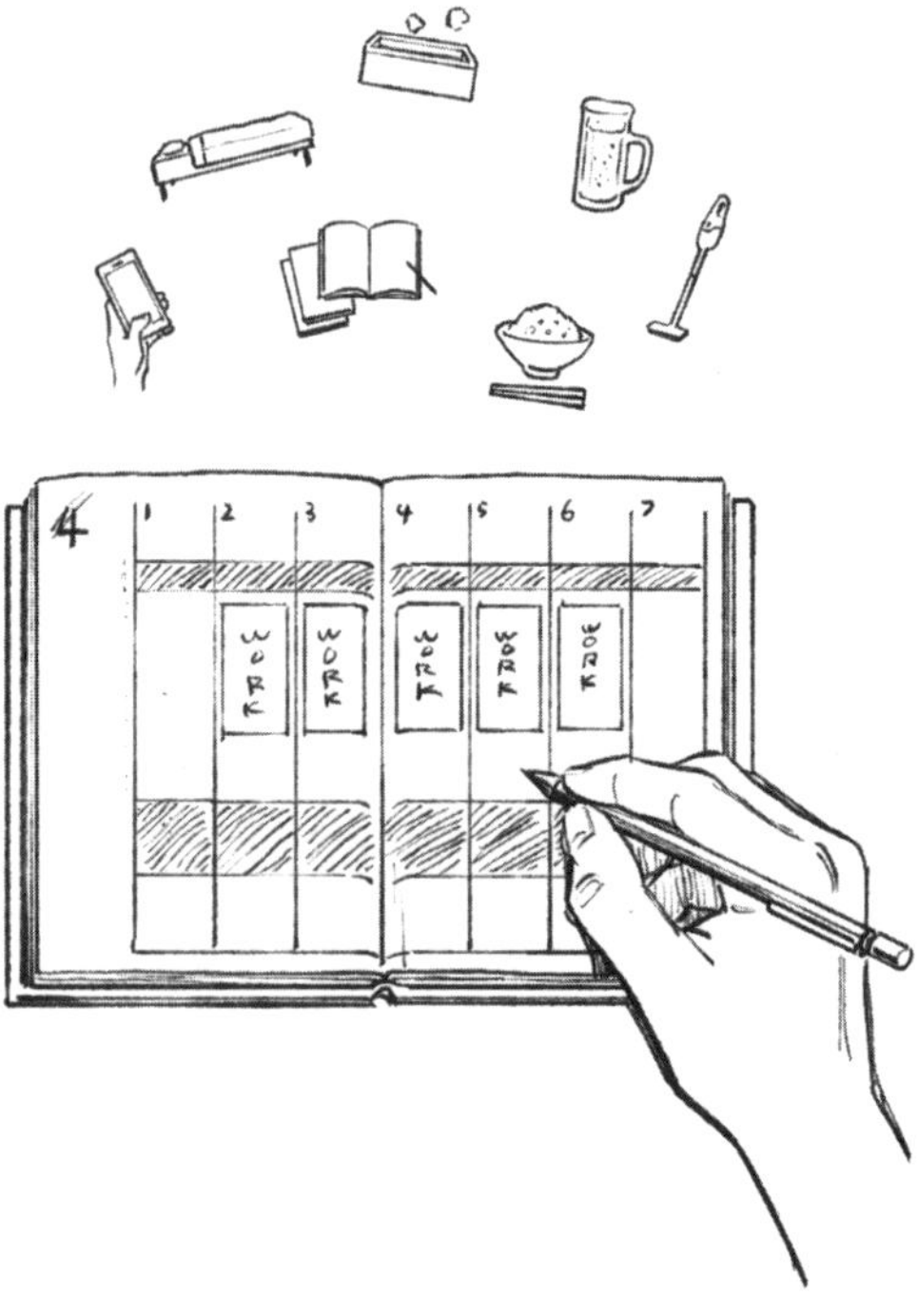

みなさんは、**変数と定数という概念**を知っていますか？　これは、関数の勉強をしているときに出てくる言葉です。

例えば、「$2x+6=y$」という式があるとします。このxには、いろんな数が入ると考えてください。このxの数が変わることによって、yの数が1つに固定されていきます。例えば、$x=1$のときには、yは$2+6=8$になりますね。$x=3$のときには、$2\times3+6=12$になりますね。このように、「xが決まるとyの値が1つに決まる数のこと」を「関数」と言いましたね。

そして、**このときのxは「変わる数」なので「変数」**、xがどれだけ変わっても変わらない数・この式で言えば**「$+6$」の部分は、「変わらない、定まっている数」なので「定数」**と言います。これは、中学1年生の数学で習う勉強ですので、知っている人も多いのではないかと思います。

でも、中学生の人に話を聞くとよく、こんなことを言っている場合が多いです。「こんなの、社会に出てからなんにも役に立たないじゃないか！　なんで勉強しなければならないんだ！」と。気持ちはわかるのですが、しかし実は、この「変数」と「定数」の考え方というのは、活かそうと思えばいくらでも、日常生活の中で活かせるものなのです。

例えば、みなさんがなんらかの資格を取りたいと考えて、勉強するとします。そのとき、1週間のスケジュールを決めないといけませんね。

まず、平日5日間は、仕事や学校から家に帰ってきてから寝るまでの時間が自由時間です。仮に19時に家に帰ってきて24時に寝るとすると、5時間の自由時間となります。休日は8時に起きて24時に寝るとすると、16時間は自由に使えますね。ということで1週間の自由時間は、5時間×5日間＋16時間×2日間＝57時間となるでしょう。

さて、その中で、どれくらいの時間勉強することができるでしょうか？

もちろんその中には、お風呂に入る時間や、食事を取る時間や、部屋の掃除をする時間のような、どうしても必要になってくる時間もあることでしょう。

これを無理やり数式にして表すと、こんな風になります。

「A［資格試験の勉強をする時間］」＋「B［食事や風呂などの生きる上で必要な時間］」＋「C［遊んだり、スマホをしたり、ボーッとしている時間］」＋「D［部屋の掃除・来客対応などの優先順位は低いけれど必要な時間］」＝57時間

1週間の中で自由に使える時間の総数は57時間で変わりません。その時間の中には、いろんな時間が含まれています。それを要素として分解すると、この数式のA～Dになるわけですね。

さて、このうち、変数はどれで、定数はどれでしょう？

まずAは、取れるならば取れるだけ欲しい時間ですね。

このAという変数を大きくするために、他の時間を削らなければなりません。Bは定数ですね。自分ではコントロールすることができない、絶対にかかってしまう時間です。Dも同様ですね。Bよりも優先順位は低いですが、必要になる時間でもあるでしょう。そしてCは、変数ですね。自分の趣味の時間ですからね。このCを減らせれば、Aの時間が長くなるわけです。ですから、スケジュールを考えようと思ったら、「BとDの定数が何時間なのかを考える」ということをした上で、「Cをどれくらい削れるのか」を考えて「Aを大きくしよう」としていく必要があるわけです。

仮にBとDの合計時間が1日2時間だとすると、2時間×5日間＝10時間は、定数になります。だから数式をもっとシンプルにすると、「A＋C＝47時間」となることがわかります。どんなに頑張ってもAはこの47時間は超えませんし、Cを最小限に抑えることができれば、1週間でこれだけの時間を資格試験の勉強に使うことができるということがわかりました。ということで、スケジュールを考えるときに、このように定数と変数の考え方を導入することで、スケジュールを整理することができます。もちろん個人的なスケジュールだけではなく、ビジネスにおいてもこの思考は応用できます。変数と定数を用いることで、どこを動かせる数字か、どこは動かせない数字なのかを理解できれば、全体の効率を最大化することができるのです。

中学の数学も、意外とばかにできないのです。

コラム

教養を持っている人が見ている世界

「桜」＝「死」のイメージ？

「桜」にも実は、「死」というイメージがあることをご存じですか？

桜といえば、おそらく多くの人からしたら、春の代名詞とか、綺麗な花の代表例とか、そんなイメージを持つ人が多いと思います。4月になれば必ずお花見に行くという人も多いのではないでしょうか。

しかし実は、この桜に対して、文学の世界では「死」のイメージが付与されていることをご存じでしょうか？

梶井基次郎の短編小説『櫻の樹の下には』では桜の下に死体が埋まっていて、その死体の血を吸って桜は綺麗に咲いている、なんて話が作られていました。

また坂口安吾の短編小説『桜の森の満開の下』でも、人の死と残虐性がテーマになっていました。文学作品の中だと、なぜか桜は「死」を象徴するようなものとして描かれているのです。

なぜこんなイメージが付いているのかはいろんな説がありますが、古事記で火照命、火須勢理命、火遠理命を生んだ女神とされている木花咲耶姫(コノハナノサクヤヒメ)が短命だったことから「桜」＝「寿命が短い」と考えられていたというものもあります。これが正しいかはわかりませんが、確かに桜って、とても綺麗なのにすぐに散ってしまうというイメージがありますよね。逆にいえば、その儚さが、桜の美しさを際立たせていると言われています。

そしてその、「短いが故に美しいもの」というイメージが、まさに我々の「命」のメタファーになっているのではないかと考えることもできます。

ちなみに、桜以外の「短いが故に美しいもの」が「命」のメタファーとして使われている場合は多いです。例えば「花火」。文学でも映画でも、闇夜を進み、短く散ってしまうけれど、最後にパッと大きな光を輝かせるという意味で、命の輝きのメタファーとして使われる場合があります。または、「夜」も同じです。森見登美彦先生は『夜は短し歩けよ乙女』という作品を書いていますが、これは「命短し恋せよ乙女」という言葉が元ネタだと言われています。これは、「ゴンドラの唄」という大正時代の1915年頃に流行っていた歌謡曲の歌詞の一部で、そこから多くの場所で使われるようになったものですね。この小説だけでなく、命と夜を重ねて語るような文学作品は多いです。

このように、我々の身近にあるものが「生と死」のメタファーとして描かれているのはとても面白いですね。

コラム 教養を持っている人が見ている世界

肉に花の名前がついているのはなぜなのか？

肉には、花の名前がついている場合があります。

例えば、馬の肉は「さくら」、猪の肉は「ぼたん」と、それぞれ花の名前がついています。これってなぜなんでしょうか？

実は江戸時代より以前の時代は、肉を食べるのが忌避されていたのです。

動物の死んだ後の肉とか動物の血というのは汚れたもので、肉を食べたらダメ、という価値観があり、食事に大きな制限がかかっていたと言われています。なぜこのような価値観があったのかには諸説ありますが、仏教における「不殺生」の考え方が根本にありつつ、病気の元になったりすることがあったからだと考えることができます。とはいえ、完全に肉を食べないでいることは難しかったので、ひっそりと食べながら、「肉を食べていることがバレないようにするための隠語」を作ったのではないかと言われています。それが、花の名前だったわけです。馬の肉を食べつつ、「これは、さくらの花を食べているだけだ」という詭弁を使っていたわけですね。確かに色合いとしては似ている感じがしますね。それが今まで残っているというわけなんですね。

ちなみに、「鳥の肉は例外的に食べてもいい」という価値観があったそうで、鳥は食べていたとのこと。ただ、「鳥の肉だけじゃなくて他の肉も食べたい！」ということで、うさぎも鳥と見做して食べていました。「うさぎはぴょんぴょん跳ねるから、鳥だ」と言って食べていたのだそうです。今でもうさぎは「１羽、２羽」と「羽」で数を数えるわけですが、これはそのときの名残です。

もう一つ面白いのは、それが身長にも現れていたということです。肉が食べられない以上、動物性タンパク質が摂取できないということは、その分、栄養不足になりがちです。その影響からか、江戸時代の人たちはみんな身長が低かったと言われています。平均身長は男性でも１５５㎝程度、女性でも１４８㎝程度と低めだったと言われています。

コラム

教養を持っている人が見ている世界

ペットボトルはなぜ、無色透明なのか？

みなさんは自動販売機で飲み物を買うでしょうか？　多くの場合、ペットボトルの商品が売られていますね。そのペットボトルの表面にはその飲み物の内容を示すラベルが巻かれていて、その下には無色透明なペットボトルがあります。

さて、ペットボトルはなぜ、無色透明のものが多いのか、考えたことはあるでしょうか？　理由の1つだと言われているのは、安全面が確保できるからという理由です。ペットボトルは、無色透明で中身が見えるものでないと、もし何か危ない薬などが入っていたときに気付けないのです。だから、中身が見えるように無色透明になっているのだと言われています。確かに、中身がわからないと、変なものが混じっていても気付けないから怖いですもんね。異物が混入していても気付けないのは困ります。

でも実は意外なことに、30～40年くらい前には、ペットボトルには色がついていたのだそうです。じゃあなんで、ここ30年程度の間に無色透明に変わったのでしょうか？

実はそれは、30年前にはあまり行われていなかったことが最近では行われるようになったからなのです。なんだと思いますか？

それは、「リサイクル」です。ペットボトル本体に色をつけると、リサイクルの際にそのインクの成分が混じってしまいます。ということは、リサイクルが若干難しくなってしまうんですね。ですから、リサイクルできるようにするために、安全面も確保できる無色透明なペットボトルにしたのだと言われています。

そしてそのタイミングで作られたのが、ラベルです。無色透明で何もかかれていないペットボトルの上に、その飲み物がなんなのかを示すためのラベルをつけるようになったわけです。ラベルとペットボトルを分離してゴミ箱に捨てることで、リサイクルを推進できるようになったというわけです。

このように、今は当たり前になっているものの中にも、昔は全然違った姿だったものがあります。過去の歴史を振り返り、その変遷を追う中で、見えてくるものもあるのです。

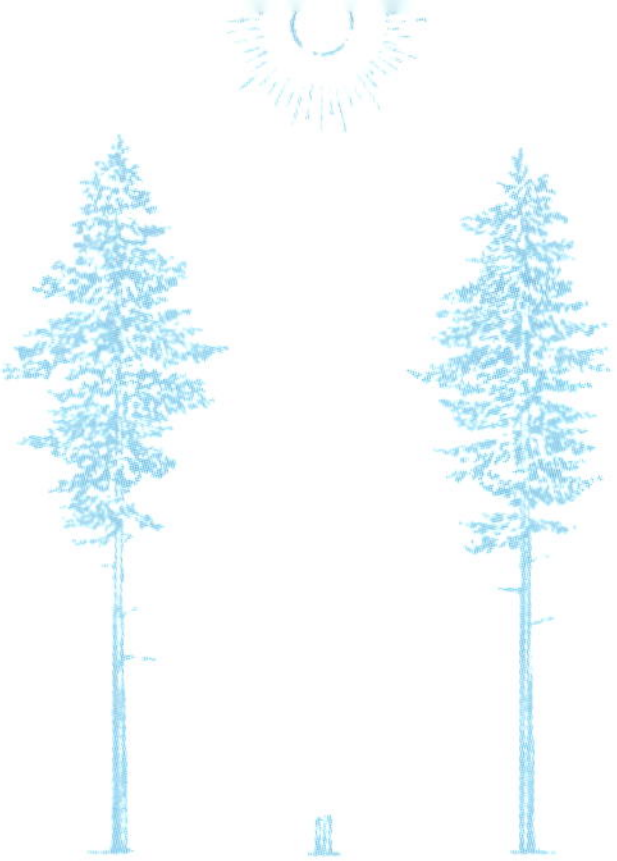

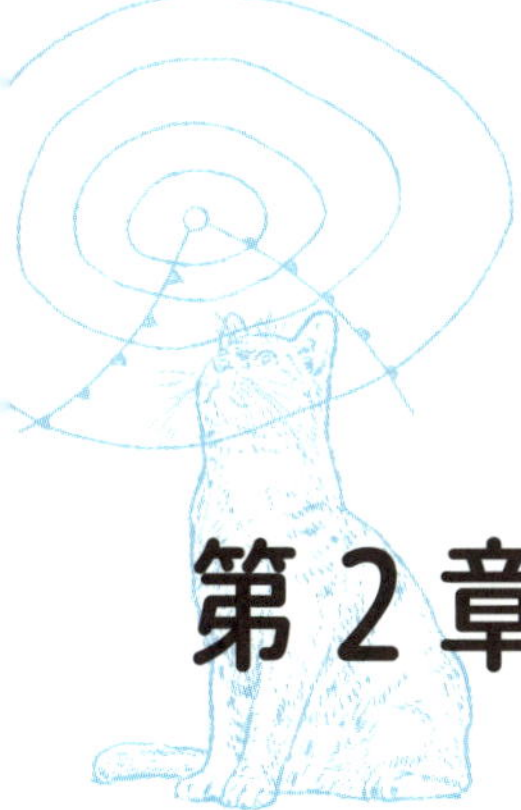

第2章

日常を紐解くことができる人が見ている世界

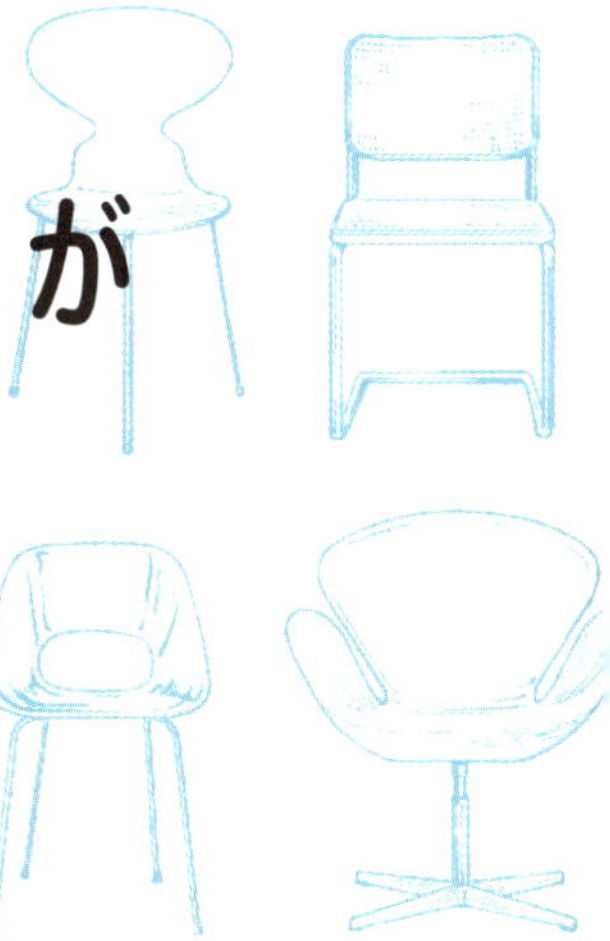

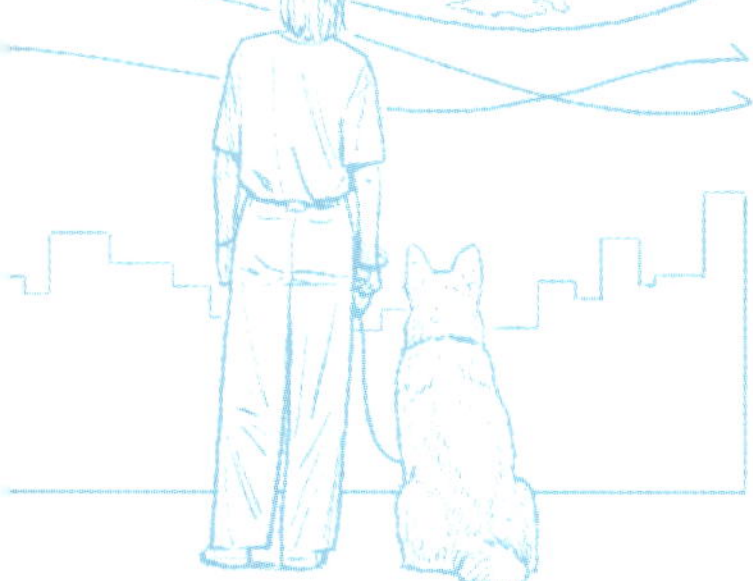

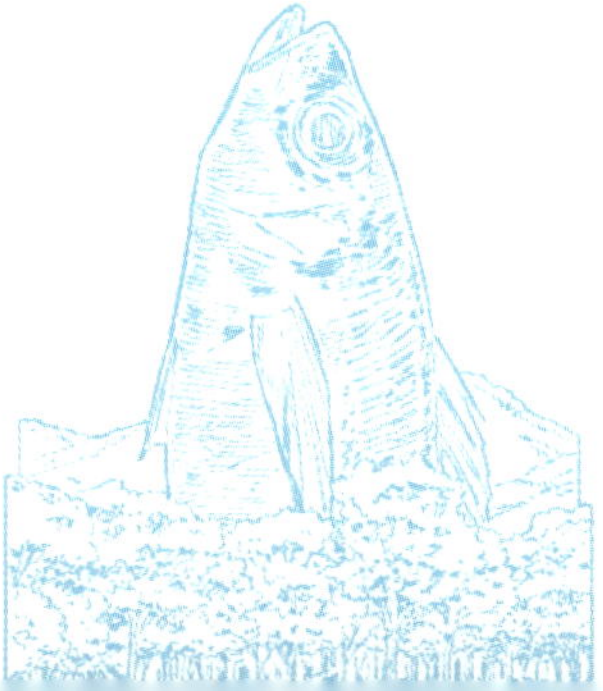

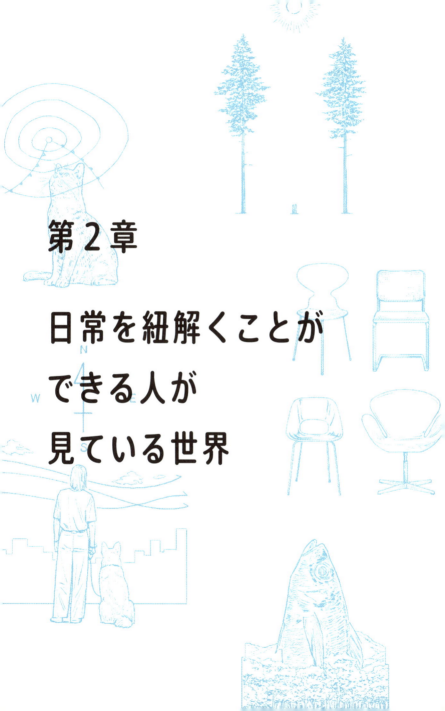

Theme

10

頭のいい人は、夕焼けが綺麗なのを見て、「明日も晴れるな」と考える

「朝焼けが綺麗なら雨が降る。夕焼けが綺麗なら晴れる」という言葉を聞いたことがある人はどれくらいいるでしょうか？　昔からずっと言われている言説で、田舎のおばあちゃんから聞いたことがあるよ、という人もいるのではないかと思います。「こんなの、迷信なんじゃないか」と思う人もいるかもしれないのですが、**実は頭のいい人であれば、「ああ、確かにこの言説は間違っていないな」とわかる言葉**なのです。

まず、「夕焼け」と「朝焼け」をしっかりと理解しましょう。

「夕焼け」も「朝焼け」も、空が綺麗に晴れ渡っていて雲が存在しない状態のことですよね。夕焼けは夕方の時間に空が綺麗な状態のことで、朝焼けは朝の時間に空が晴れた状態です。

さて、みなさんはこの「空」、どっちの方角が雲がない晴れた状態なのかわかりますか？　太陽というのは、東から上って西に沈みます。

朝の時間は東に太陽があり、夕方の時間は西に太陽があります。ですので、夕焼けが綺麗ならば西の空に雲がなく、朝焼けは東の空に雲がないわけです。この、「西の方角に雲がない」というのはとても重要なポイントです。

なぜなら、その空が次は頭の上に来るからです。

風は基本的に西から東に吹きます。飛行機に乗ったことがある人なら、東京から九州に行くときは遅いのに、九州から東京に行くときは早いというのを知っているかもしれません。ということは、**西の空の綺麗な夕焼けの空は、明日の朝になったら自分たちの頭の上に来る空**なのです。だから明日は雲のないその空が自分の頭の上にくるわけです（ただし、実際には気圧の配置や風の流れ、その他の気象条件が複雑に影響し合うため、これらの現象は必ずしも確実ではなく、あくまで一般的な傾向として理解しましょう）。

もう一段階、難しい話をすると、気圧には低気圧と高気圧があります。

「低気圧で頭が痛い」なんて言いますが、天気の良し悪しは気圧によって変わります。ニュースでよく「台風が温帯低気圧になりました」なんて聞くと思いますが、低気圧があると雨が降ったり空が雲で隠れたりします。逆に高気圧は気候が安定して、雨が降りにくくて晴れやすい傾向があります。

そして、この低気圧と高気圧がいろんなところに配置されているから、雨のところも晴れのところも出るのです。先ほどの話で言うと朝焼けが綺麗ということは、その朝焼けがある東の空が高気圧だということになります。

東が高気圧なのだから、西は低気圧になっていることが多いです。だから明日の天気になる西の空が雨なので、明日は雨が降る可能性が高いということになります。こういう理由で、朝焼けが綺麗だと明日は雨になる場合が多いわけですね。

今や天気予報で明日の天気を確認するのが当たり前になっているわけですが、昔はそんなことはできませんでした。

このように、科学的な知識の引き出しを持っていると、日常的な体験を自然現象と絡めて、それらの知識をより強固なものにできます。頭の中の知識体系をより美しく整理できる、といってもいいでしょう。

そういった知識の引き出しを持つために、まずは身のまわりの現象に疑問を持ち、科学的に考えてみるのはいかがでしょうか。「氷はなぜ水に浮くのか」「パンを焼いたときになぜ膨らむのか」「冬の空気はなぜ乾燥するのか」などなど……。今はネットですぐに答えを見つけられる時代です。**身のまわりでふと感じた疑問について調べる習慣を持つことで、日常と科学を結びつけられるようになるはず**です。ぜひ実践してみてくださいね。

Theme

11

動物を見て、
明日は雨が降るかどうかわかる

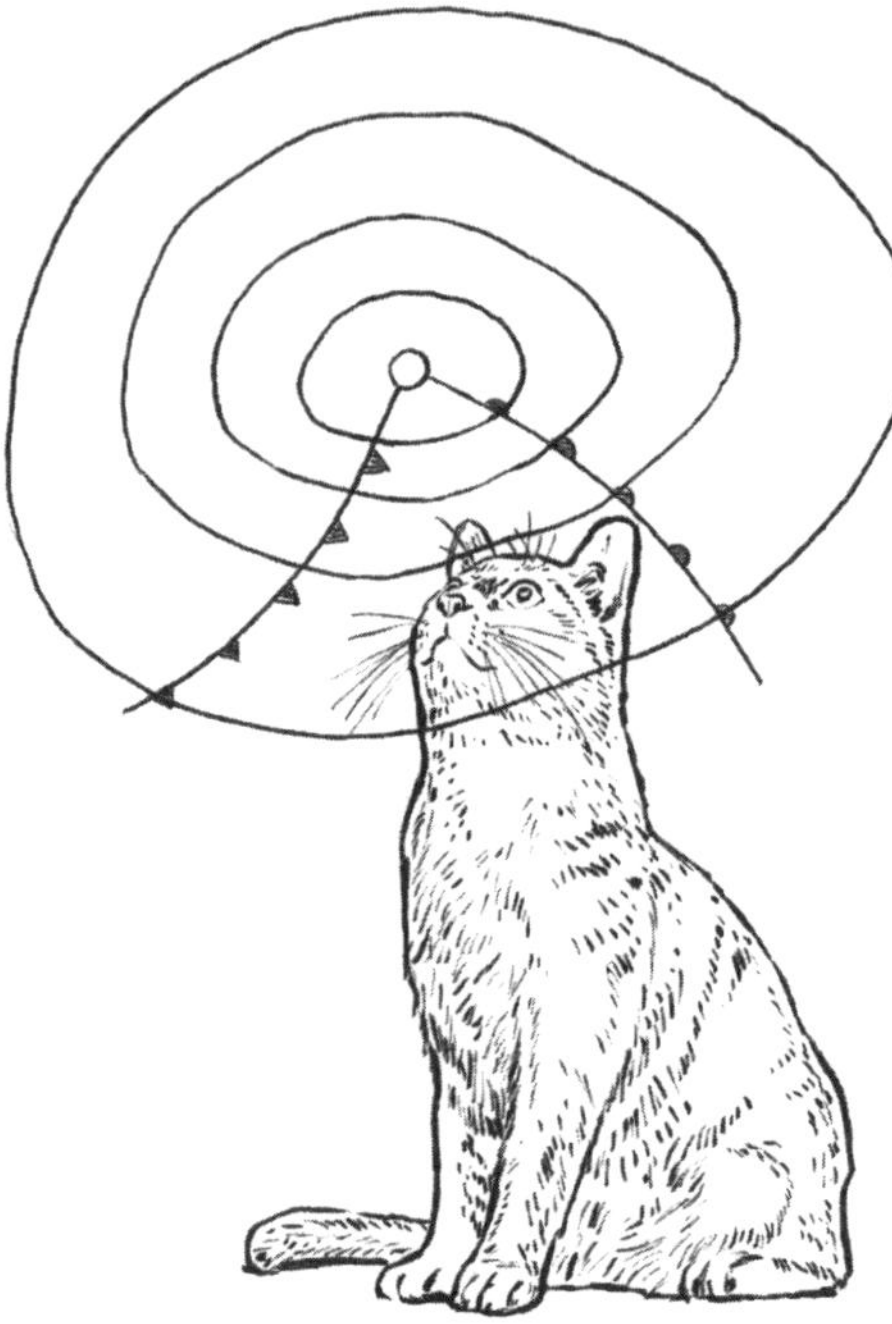

みなさんはペットを飼っていますか？

犬や猫・鳥など、いろんな動物を飼っている人がいると思いますし、散歩していて鳥が飛んでいるのを見たり、公園で野良猫を見かけることもあるのではないでしょうか。

そんな動物たちの様子を見ていると、実は明日雨が降るかどうかがわかる、と言ったら信じてもらえるでしょうか？　もちろん天気予報に比べたら精度は落ちますが、しかしこれは一定の信憑性がある話なのです。昔から、「動物がこういう行動をしたら、次の日はこうなる可能性が高い」という話はたくさんあります。今回はその中から2つ、紹介させてください。

まず、昔から「猫が顔を洗ったら雨が降る」と言われています。

猫が顔を洗っているみたいに足でこすったり、毛繕いをいつもより頻繁にしていたら、その後雨が降る確率が高い、という言葉ですね。

これはなぜなのか？　そもそも、雨が降るというのは、低気圧が近付いてきているということです。低気圧が近付いてくると、空気中の湿度が上がり、湿気が多くなります。猫の顔には、ノミがついていて、そのノミは空気中の湿度が上がると活発に動き出します。そうすると、顔がかゆくなるため、顔をよくこするようになる、ということなのです。

また、もう一つ考えられる理由として、猫のヒゲが重たくなってしまうということが挙げられます。空気中の湿度が上がり湿気が多くなると、猫の顔にあるヒゲにも水分が多く含まれて、ヒゲが重くなってしまいます。**猫にとって、ヒゲはかなり重要な器官で、センサーの役割を果たしています。**

ですから猫はそのヒゲが重いと、そのヒゲを気にして、頻繁に触るようになり、その様子が「顔を洗っている」ように見えるので、「猫が顔を洗ったら雨が降る」という言説につながったのではないかと考えられます。

低気圧が近付いて湿度が上がることによって変わる動物の行動はもう一つあります。みなさんは、「燕が低く飛んだら、明日は雨が降る」という話を知っていますか？　これも実は、低気圧の影響です。燕は、蝶や蛾・蜂やあぶなどの小さな虫を食べる鳥です。

そしてそれらの虫は、湿度が高くなると羽が重くなるため、高く飛ぶことが難しくなってしまい、低い場所を飛ぶようになります。低気圧が近付くと、燕はそれらの虫を捕食するために、いつもより低い場所を飛ぶようになると言われています。それに加えて、燕自身の羽も、湿度が高くなることで水分を含み、重くなってしまうと言われています。だから、「燕が低く飛んだら、明日は雨が降る」わけですね。

いかがでしょうか？

このように、動物の行動をよく観察していると、次の日の天気が予想できることがあります。「朝焼けや夕焼けで明日の天気がわかる」にも通じることですが、重要なのは、一見関係のない事象にも因果関係を見出せる洞察力を持つことです。人間にはない感覚・能力がある生き物たちのことをぜひ、よく観察してみてもらえればと思います。

Theme

12

暗い森を見て、「この森は不健康だ」と考える

みなさんの家の周りに、森はありますか？

木々が生い茂って、いろんな動物や虫が暮らしている森。都会に住んでいるとなかなか見かけることがありませんが、ちょっと地方に行くと、いろんなところに森があるのがわかります。これらの森を見ると、頭のいい人は「あ、この森は健康な森だな」とか「この森って不健康だな」という、森の健康状態がわかるのです。

「森の健康状態って何!?」と思うかもしれませんが、人間と同様に、森にも「健康」で、多くの動物が暮らしていて、多様な植物が生き生きと存在していて、土砂崩れなどが起きにくい森」とそうでない森があるんです。

そもそも今、日本にある森の多くは、人工林です。

自然のままにできたものではありません。どこかのタイミングで、どこかの土地に人が木を植えたり、どこかから移動して持ってこられたような、とにかく人の手が加わっているものばかりなのです。自然の中で生まれた人の手が入っていない森というのは「原生林」と呼ばれていて、世界遺産になっているくらい、珍しいものです。屋久島とか白神山地の森が代表的な例ですね。そして人工林は、手入れすることが求められます。この手入れのことを「間伐」と言います。木と木の距離を一定に保ち、太陽光がしっかり均等に森に入るようにしなければなりません。

逆にこの間伐をしないと、木々が密集して過密になってしまい、下にあまり光が当たらない、暗い森になってしまいます。木の種類によってはそれでも問題ないのですが、しかし多くの場合、木々が密集して過密になってしまうと、どの木にも栄養が回らずに弱り、強い風が吹くことによっていっぺんに倒れてしまうこともあります。

また、森林の中に光が差し込まず、地面に植物が育たなくなってしまい、動物もほとんどすまなくなります。そして一番問題なのが、大雨が降ったときに、木々の根があまり深く土に入り込んでいないことから、地面の土が流されて土砂崩れが起こってしまう可能性が高いことです。森の問題は、実はその近くに住んでいる人たちに水害・土砂崩れなどの影響を与えてしまうことがあるのです。

森の健康状態を理解するために一番ポイントになるのは、「暗い森か、明るい森か」です。森に入ってくる太陽光の量が多い森であれば、きちんと間伐がされていて、木々の間の距離も適切である場合が多いです。逆に暗くてあまり太陽光が入っていない森だと、木々の距離が狭く、不健康な場合が多いです。

「森なんて、どれも同じだ」、と考えている人もいるでしょう。

でも、**こういう目線を持って森を見る習慣があると、「ああ、この森はきちんと手入れがされているんだな」みたいなことを考えることができる**ようになるわけです。もしかしたら、誰かがすごくしっかりと手入れをしてくれているものかもしれないし、それによってその地域に水害が起こらないようになっているかもしれないのです。

森や、森を手入れしている人に守られながら、我々は生きているのかもしれません。

森に限らず、周囲の環境を観察・分析する視点を持つことで、対象そのものの良し悪しを見分け、リスクを判断できることがあります。言い換えれば、**状況の兆候から根本的な問題を見抜く、いわば問題発見能力を養うことができる**のです。

自分が足を踏み入れた場所を、ぜひいつもと違った視点で見つめてみてくださいね。

Theme

13

海岸近くの森を見て、「ここでは魚が獲れそうだな」と考える

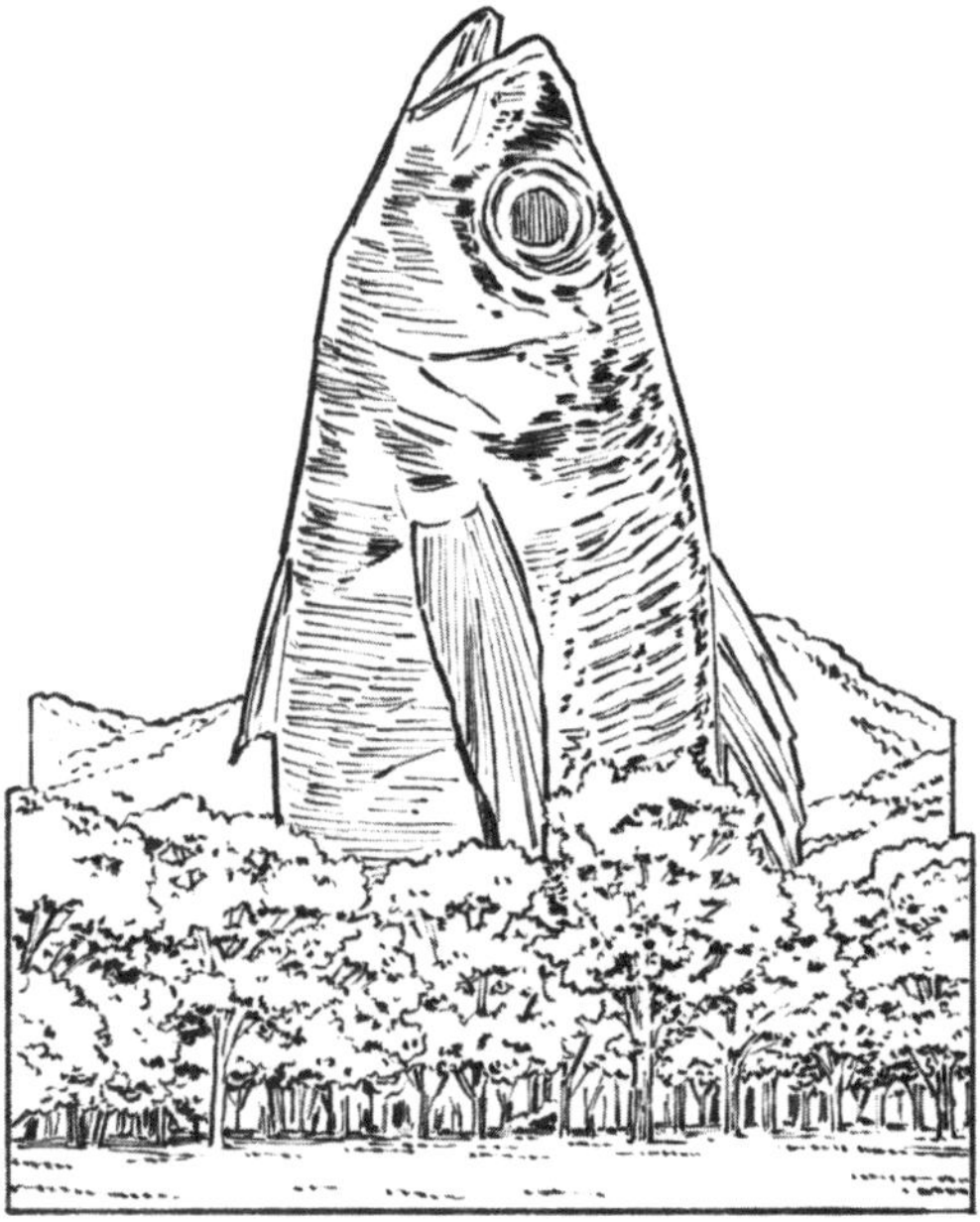

森は、いろんな場所にあります。都会のど真ん中にある森もあれば、山にある森林もあるでしょう。今回みなさんに考えてもらいたいのは、「海岸の近くに森があったら、どう考えるべきなのか」ということです。

例えば、海岸や河川の近くに森があって、その森がしっかりと手入れされた健康な森であった場合には、「ここなら、たくさん魚が獲れるのではないか」と考えることができるのです。

森と魚、一見するとなんの関係性もなさそうですよね。でも、森というのは実は、すごくいろんなものに影響力を持っています。先ほど、「森が不健康だと土砂崩れが起こる可能性がある」という話をしましたが、森はその周りの土砂や雨水に大きな影響を与えます。

そして、その影響の1つとして、海岸の近くに森があった場合や上流にある森は、海に栄養を与えている可能性があるのです。もしその森が健康であれば、木々が持っている栄養が、海に流れることがあります。

そしてその栄養が多ければ多いほど、魚の餌となるプランクトンが集まってきて、そのプランクトンを食べるために魚も集まってきます。逆に、上流にある森が不健康であまり栄養を与えることができない場合、川の下流やその川が流れ出る海にも栄養が回らず、魚があまり集まらなくなってしまうことがあるのです。

実は、このことはずっと昔から指摘されていることであり、このような魚の生息・生育にいい影響を与える森林のことを、「魚付き林」と呼びます。この言葉はなんと江戸時代から存在していたと言われているほど歴史のある言葉であり、昔から言われている概念なのです。このように、森と魚は、実はかなり密接に結びついているわけですね。

そして、このような森と魚の関係性を指して、「森は海の恋人」という言葉もあります。これは、宮城県で行われた植林活動のスローガンであり、「牡蠣の養殖漁場を守るためには、上流から下流まで一体となって取り組む必要がある！」と訴えるものでした。下流である海の漁獲量が、実は陸や上流にある森から大きな影響を受けている、というのはとても示唆的ですね。自然というのはどんなものでもつながっていて、どこかがうまくいかないと、必ずその影響が別のどこかに現れる、ということを教えてくれるものでもあると思います。

そしてこの話が象徴しているように、1つの物事を考えるときには、因果関係のある他の事象にも目を向けることが重要です。

では、一見関係のなさそうな物事の因果関係は、どうすれば見つけられるのでしょうか。ここで、**日常の中で「仮説を立てて検証する」というプロセス**が重要になってきます。一見関係のなさそうな複数の現象において、実は一方がもう一方に影響を与えているかもしれない。そういう意識でニュースなどを結びつけてみましょう。

例えば回転ずしで、サーモンの値段が以前より高いことに気づいたとします。「なぜサーモンだけが高くなっているんだろう？」と原因を推測して、答えを調べてみましょう。するとその店で扱われているサーモンがノルウェー産であることや、ロシアによるウクライナ侵攻の長期化によって空輸ルートがやむなく変更され、サーモンの輸送コストが上昇していることがわかるでしょう。回転ずしのサーモンとウクライナ侵攻、すぐには結びつかないこの2つにも因果関係があったのだと知ることができます。

このように原因と結果を推測して、その推測が正しいかどうかを確認する。そういったケーススタディを自分の中にたくさん蓄積していくことで、ものごとの因果関係を見極める洞察力が鍛えられるのです。

Theme

14

椅子や机を見て、支点がどこにあるのかを考える

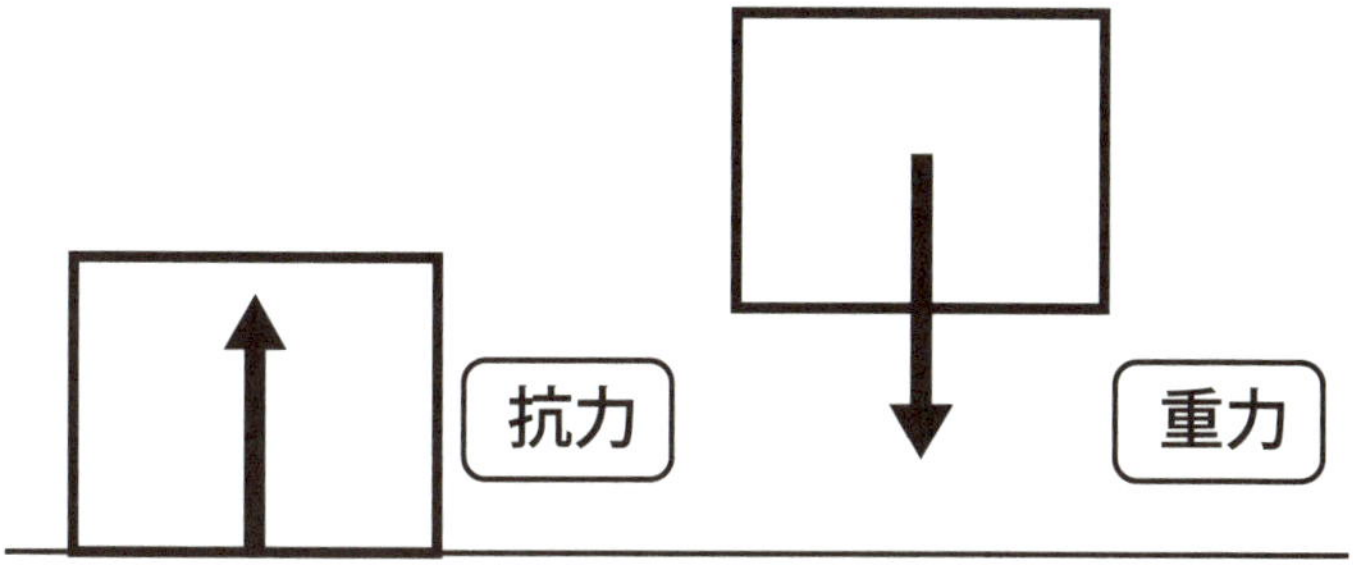

みなさんは、家具を買うときにどこを見ていますか？　おそらくはかっこいいかどうか、部屋の雰囲気に合うかなどを気にするのではないかと思います。でも、意外と抜け落ちる視点ですが、「支点がしっかりしているかどうか」は重要なポイントだと考えられます。

物理的に考えると、**「重力」と「抗力」という概念**があります。重力は、ざっくり言うと物体が地球の引力によって引き寄せられる力のことを指し、それに対して抗力は、床が物体を支える力のことを指します。椅子や机などの家具は、脚の部分にはこれらの力が作用しています。そして、この脚の部分にどれくらいの力がかかっているのかはしっかりと考えなければなりません。

脚の部分の、「その上にあるものを支えている点」

のことを、支点と言います。この支点がしっかりしている家具なのかどうかを考える必要があります。

例えば、こんな椅子があったとします。

この椅子は、脚が2本しかありませんね。この上に座るとすると、この2本の足の部分に力がかかります。重さが2つの支点にだけいくというのは少し不安定な気がしませんか？

こう考えると、椅子の脚が少ないと危ないんじゃないか、もっと支点がしっかりしている方がいいかも、と考えることができるのではないでしょうか？　とは言え、脚が多ければいいというわけではありません。こんな机はどうでしょう？

この机は、脚が1本ではありますが、少しだけ先ほどの椅子とは違っています。下の部分が丸くなっていて、1つの部分だけに力がかかってはいつつ、この丸の部分全体に力がかかっていますね。こうすると、力がこの丸い面の全体で分散されるため、安定的になります。

このように、どこに力がかかっているのかを考えながら家具を見る習慣があると、「この家具は長持ちしそうだ！」「この家具はスタイリッシュだけど、あまり長く使うものではないかもしれないな」と考えることができるようになります。

椅子に限らず様々な日用品は、物理学の観点から見つめることで、安全性・耐久性など実用面でのメリットを判断することができるのです。

デザイン面だけで選ぶ前に、ぜひ一度、そんな視点で見つめてみてください。

コラム 教養を持っている人が見ている世界

なぜ青汁は緑なのか

みなさんは、青汁を飲んだことはありますか？　青汁は、健康食品として売られている栄養価の高い飲み物です。野菜不足を補うために飲む人が多い飲料で、飲んだことがある人も多いと思います。

でも、1つ疑問がありませんか？　あれって、「青い」ですか？　どう見ても「緑」色ですよね。というか、本当に青汁が青かったら、なんだか飲みたくないですよね。ブルーハワイみたいな澄んだ青色だったらいいですけど、青緑色の液体ってなんだか健康に悪そうです。でも我々はあれを「青汁」と呼んでいます。なぜ、緑色なのに、「青」なのでしょうか？

他にも同じことはあります。我々はしばしば、緑色のものを青と呼びます。例えば信号機。「青信号」と言いつつ、あれは緑色の光ですよね。「隣の芝生は青い」という表現は、「自分の家の芝生と比べて、隣の家の芝生は良く見えるもの。同じように、自分のものではなく他人のものの方が良いものに見える」という意味の慣用句ですが、本当に隣の芝生が青かったら、別に羨ましくないですよね。

このように緑を青と呼ぶことが多いわけですが、ズバリその理由は、「青色が、特別な色だから」です。赤と青と白と黒、この４色は実は特別な色であり、昔から存在する色なのです。昔は赤と青と白と黒以外の色は存在せず、茶色もオレンジも黄色も合わせて「赤色」、灰色もこげ茶色も合わせて「黒色」、そして緑色も黄緑色も合わせて「青色」と呼んでいたのです。

そして、その期間が長かったから、今も我々の生活で使う言葉の中には「赤・青・白・黒」の４色が多いです。「赤ちゃん」「赤の他人」「面白い」「腹黒い」「白々しい」「顔面蒼白」「青々とした葉」などなど。赤・青・白・黒が特別な色として扱われているわけです。その名残で、緑のものも青色と表現する場合が多く、そしてその一例が青汁なわけですね。このように、赤・青・白・黒が特別扱いされているとわかると、言葉に対する感度も高くなります。ぜひ、意識してみてください。

コラム

教養を持っている人が見ている世界

お金を見て、バイ菌を考える

みなさんは、「スマホの画面は、バイ菌だらけだ」という言説を知っていますか？「毎日のようにペタペタ手で触っているスマートフォンの画面は、いろんな菌が繁殖していて、汚い」という話ですね。これは一面的には事実であり、いつも手を綺麗に洗っている人やスマホの画面を消毒している人以外のスマホは、バイ菌が多いと言われています。一説には便座よりも汚い場合があるとも言われています。

なぜ、スマホの画面はバイ菌が繁殖しやすいのか？　スマホは指先を使って操作しますよね。その指先には、皮脂や汗がついていることがあります。それは菌が繁殖しやすい温床を作りやすいのです。その上、なかなかスマホの画面を消毒する人はいませんよね。目に見えた汚れがない限りはなかなか清掃しようという気にはならない場合も多いと思います。ですから、スマホの画面は目には見えない雑菌が多く、汚くなってしまいがちなのだそうです。

さらに、「不特定多数の人が触っているから、汚くなっている可能性が高い場所」というのは、スマホの画面以外にもいろんな場所に当てはまる場合があります。例えば、電車の吊革や手摺りは、どんな人が触っているかわからないので汚い場合があると言われています。また、「お金」も同様で、特に硬貨はスマホと同様手で触っているものであり「洗う」ということをほとんどの人がしていないものなので、汚くなりやすいと言われています。

当たり前の話ですが、そういったバイ菌が多いものに何度も触れたり、特に食事を取る前に手を洗わなかったりすると、そのバイ菌が体内に入ってしまい、風邪を引いたり病気になったりしてしまいます。そうならないようにするためには、どんな人が触っているかわからない場所やモノ、または洗ったり綺麗にしたりする機会が少なそうな場所やモノは、しっかりと把握しておいた方がいいでしょう。そしてそれらに触れる機会があったら、手を洗ったり、こまめにスマホの画面をクリーニングしたりする必要があります。

目に見えないだけで、菌が繁殖している場所というのは多いものです。ぜひ警戒して、意識してもらえればと思います。

第3章

言葉の深層を理解する人が見ている世界

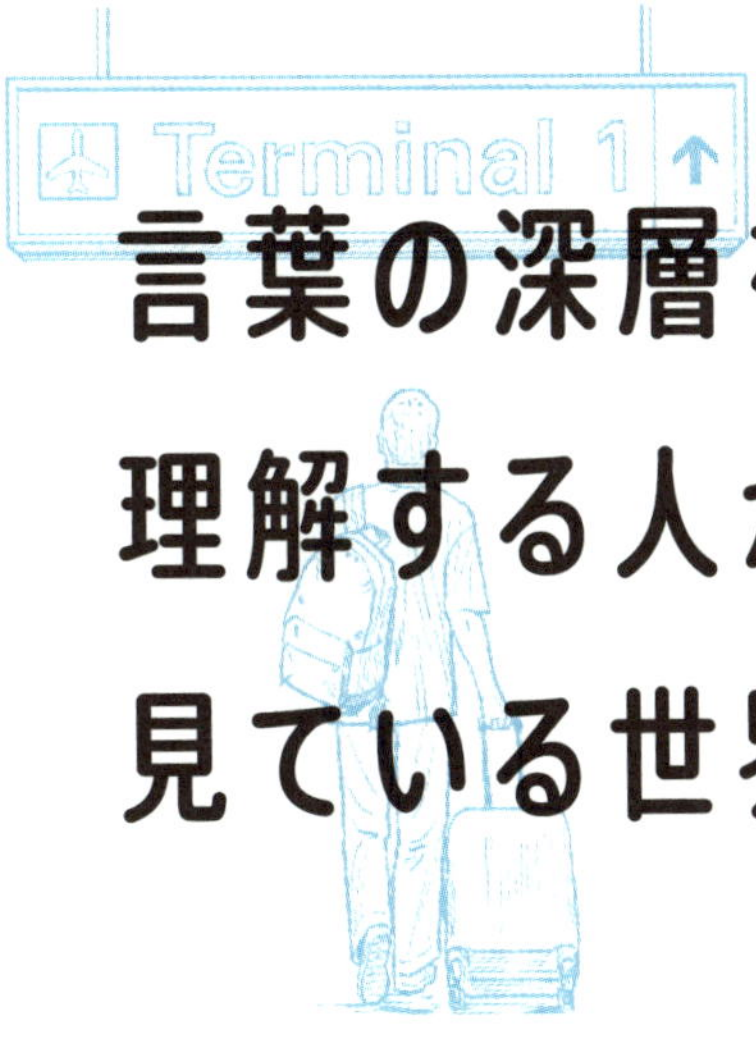

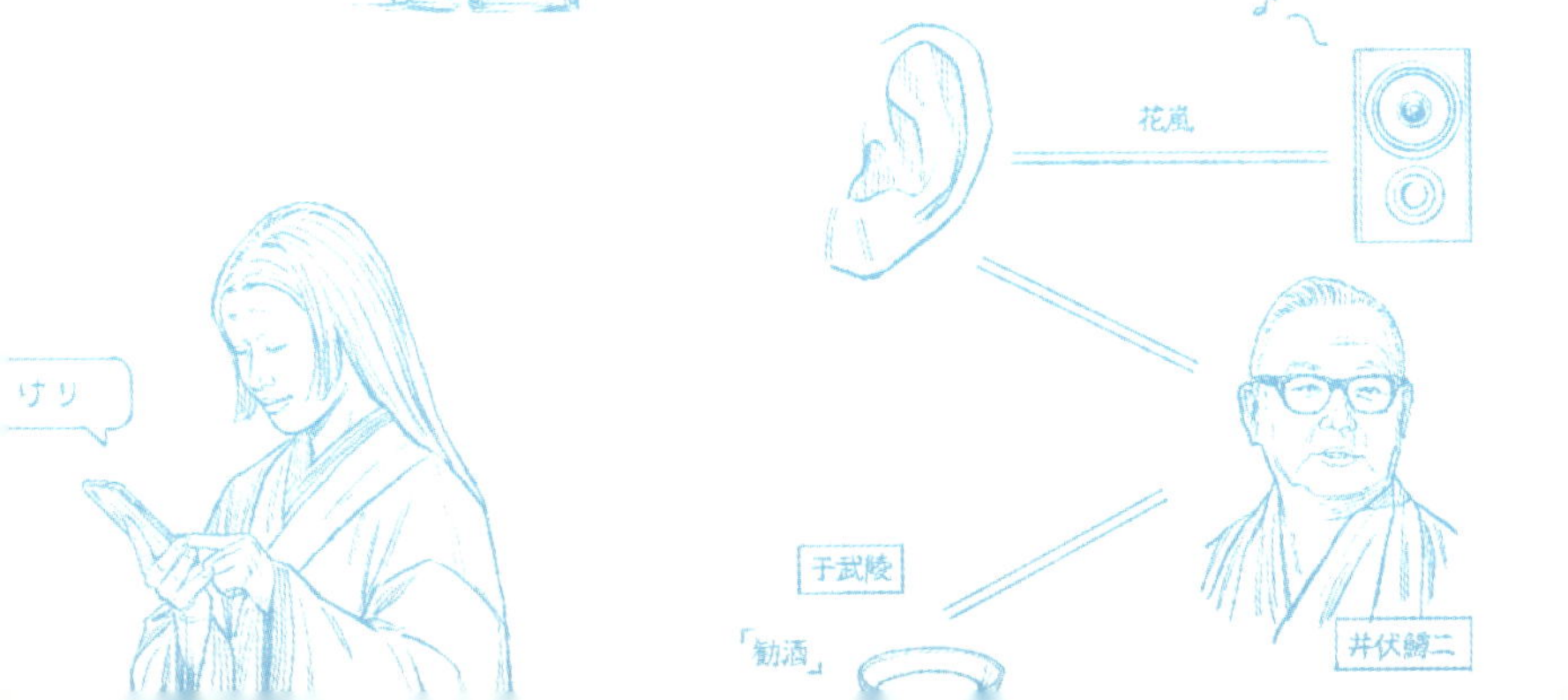

Theme

15

頭のいい人は、「アート」と聞いて、芸術ではなく「技術」を想像する

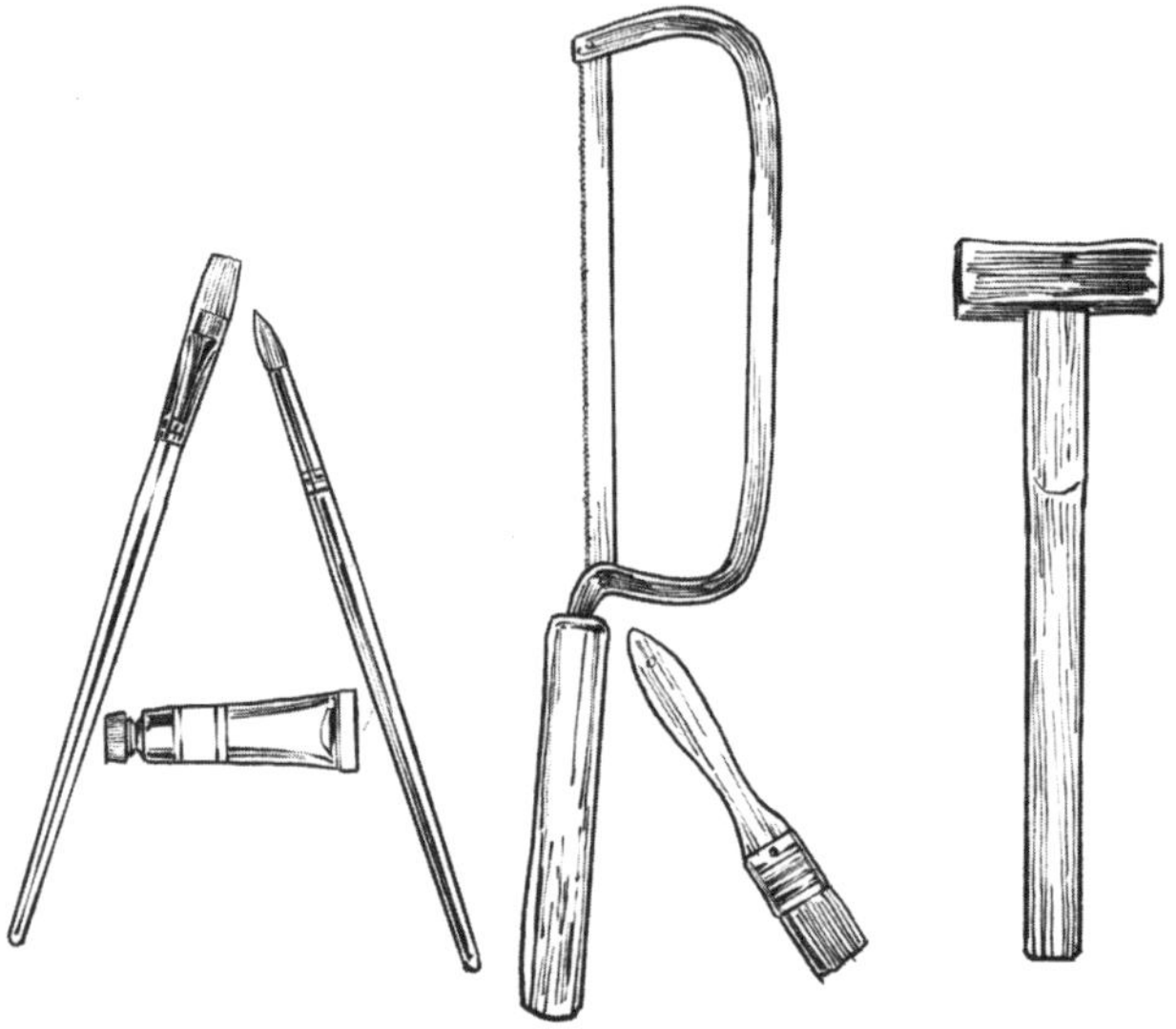

日本という国は、英語圏でもないのにたくさんのカタカナ語が使われていて、他の国では考えられないほど英語を使っています。「プロミス」「アートネイチャー」みたいな企業の名前だったり、「ドライバー」「パート」のような仕事に関する名前だったり、「シェアハウス」「ペデストリアンデッキ」みたいな建物の名称だったり、いろんな場所で使われています。でもこれに慣れていると、痛い目を見ることがあります。

例えばみなさんは、「アート」と聞くと「芸術」を思い浮かべるのではないでしょうか？　綺麗な絵とか、彫刻とか、そういったものを「アート」だと認識している場合が多いのではないでしょうか。しかしこの認識だと、外国人の友達と話すときに話が噛み合わなくなってしまったり、日本で生きていても間違いを犯してしまったりするかもしれません。

例えば、日本でも歌を歌う人を「アーティスト」と呼びますよね。では、みなさんの感覚として、本を書く人は「アーティスト」でしょうか？　実は、絵は描いていませんが、作家は「アーティスト」です。カメラマンはどうでしょう？　写真を撮る人で絵は描いていませんが、「アーティスト」になります。

実はアートという言葉の本来の意味は、「芸術」ではなく「技術」なのです。

「ａｒｔ」という英単語は、「訓練や練習によって身に付けた能力・技術のこと全般」を指す言葉なのです。「人の為せる業」＝「人為」とも言われます。この定義で言えば、スポーツ選手もアートを持っていますし、職人さんもアートを持っています。なので、こんな英文も作ることができます。「I have the art of making friends.」「私は、友達を作るアートがある」。これも「アート」なんですね。

もう一つ、面白い話をしましょう。アートネイチャーがありますね。

この企業は、植毛を専門に行っている会社です。かつらを作ったり、人工的な髪を植毛することをしている会社なわけですが、なんでこの会社は「アートネイチャー」なのでしょうか？　日本人が直感的に訳してしまうと「芸術的な自然」になってしまうわけですが、でもこれってあんまりピンと来ませんよね。

でも先ほどの「ａｒｔ」の定義がわかっていれば、みなさんもアートネイチャーという言葉の意味がわかると思います。「自然＝ネイチャー」という言葉と、「人為

＝アート」という言葉とは、反対の言葉だと言われています。人の手が加わっていない自然と、それに対する人の営みと。この反対の意味の言葉がつながって、「アートネイチャー」という言葉はできています。ですからその奥には、「髪という自然なものを、人工の力でなんとか自然なものにする」「人工で自然なものを作り出す」という意味があるのではないかと考えることができますよね。

このように英単語の本来の意味を知っておくと、言葉の意味を推測できたり、日常で触れ合う英語を自身の学習に活かしたりすることができます。

「ａｒｔ」以外の単語にも、ぜひ目を向けてみてくださいね。

Theme
16

頭のいい人は、「渋谷」という地名を見て、水害が多そうだと考える

みなさんは渋谷に行ったことはありますか？

東京にあって、近くに大学も多いことから、「若者の街」というイメージがある地域ですね。10月31日のハロウィンのときには大きな盛り上がりを見せていることが毎年ニュースになっています。

しかし、数年前まで、渋谷には全く別のイメージがついていたのを知っていますか？　渋谷の地下の一部は、毎年夏になるとゲリラ豪雨の影響をもろに受けて、浸水してしまうことが多かったのです。大雨が降るたびに浸水し、多くの人が水をかき出すような光景もザラでした。渋谷は、「水害が発生しやすい街」だったわけです。

「え！　そんなイメージないけどな」と思う人もいるかもしれませんが、今からするお話を知っている人は、「ああ、まあそれは当たり前だよな」と思うはずです。実は、地名を見れば、その場所が、水害が起きやすい所なのかそうでないのか、見当が付いてしまうのです。

まず、地名はどのように決められているのでしょうか？

もちろん、先人がその地域に地名を付けて、それが今まで残っているからその地名になっています。

さて、**その地名を決めるときに、先人がメッセージを込めているとき**があります。例えば、「鬼怒川」。鬼が怒る川、という名前がついていますが、行ってみると別に普通の川です。「なんだ、鬼が怒るって書いてあるから、もっと荒々しい川なのかと思ったのに」と思うわけですが、実はこの川、水害が発生すると、周辺に多大な影響を及ぼしていた川なのです。だから、「この川は、一見穏やかな川だけど、台風や大雨が降ると鬼が怒ったかのように大変な川に変貌するんだからね!」というメッセージが込められていたのではないかと考えることができます。

この基準で考えてみたときに、川に関連する地名や、漢字の部首で「さんずい」が使われている地名は、近くに川があったり、土地が低かったり、湿地帯が近くにあったりして、洪水の危険性がある場合が多いです。池、浜、津、沢などの漢字が使われている地名ですね。池袋とか、水沢とか、今でも残っている地名が多いですよね。今回の渋谷も、「渋」にさんずいが入っています。ちなみに、「蛇」とか「鬼」とか、そういう怖いイメージのある漢字が入っている地名も、同じように水害に対する警告の意味合いがある場合があります。過去に大きな水害が発生していて、そのときのことを戒めていることもあると覚えておいていただければと思います。鬼怒川はまさにその典型的な例ですね。

それに加えて、渋谷には「谷」が入っています。谷ということは、坂と坂に挟まれた、低い場所だということですよね。確かに渋谷に実際に行ってみると、「道玄坂」とかそういう坂が割と多いことに気がつきます。渋谷は、その地名の通り、谷になっているのです。ということは、雨が降ったら水が流れ込んで、集まってしまう場所になっているのです。「渋谷」という地名は、「さんずいがついていて、『谷』という漢字も使われているから、水害に悩まされそうな地名だよな」と考えることができます。

とはいえ、現在渋谷の水害問題はかなり緩和されています。行政も水害のリスクがあるということを認識し、地下に大きな遊水池を用意したりして、この問題の改善に尽力した結果です。

このように日本の土地の性質は、地名の漢字からある程度推し量ることが可能です。その土地の自然、風俗、歴史などを知れば、さらに多くの知識と結びつける楽しみが広がるかもしれませんよ。

さて、あなたの住んでいる土地には、どんな漢字が使われているでしょうか？

Theme

17

頭のいい人は、「花嵐」と聞いて、「別れ」を思う

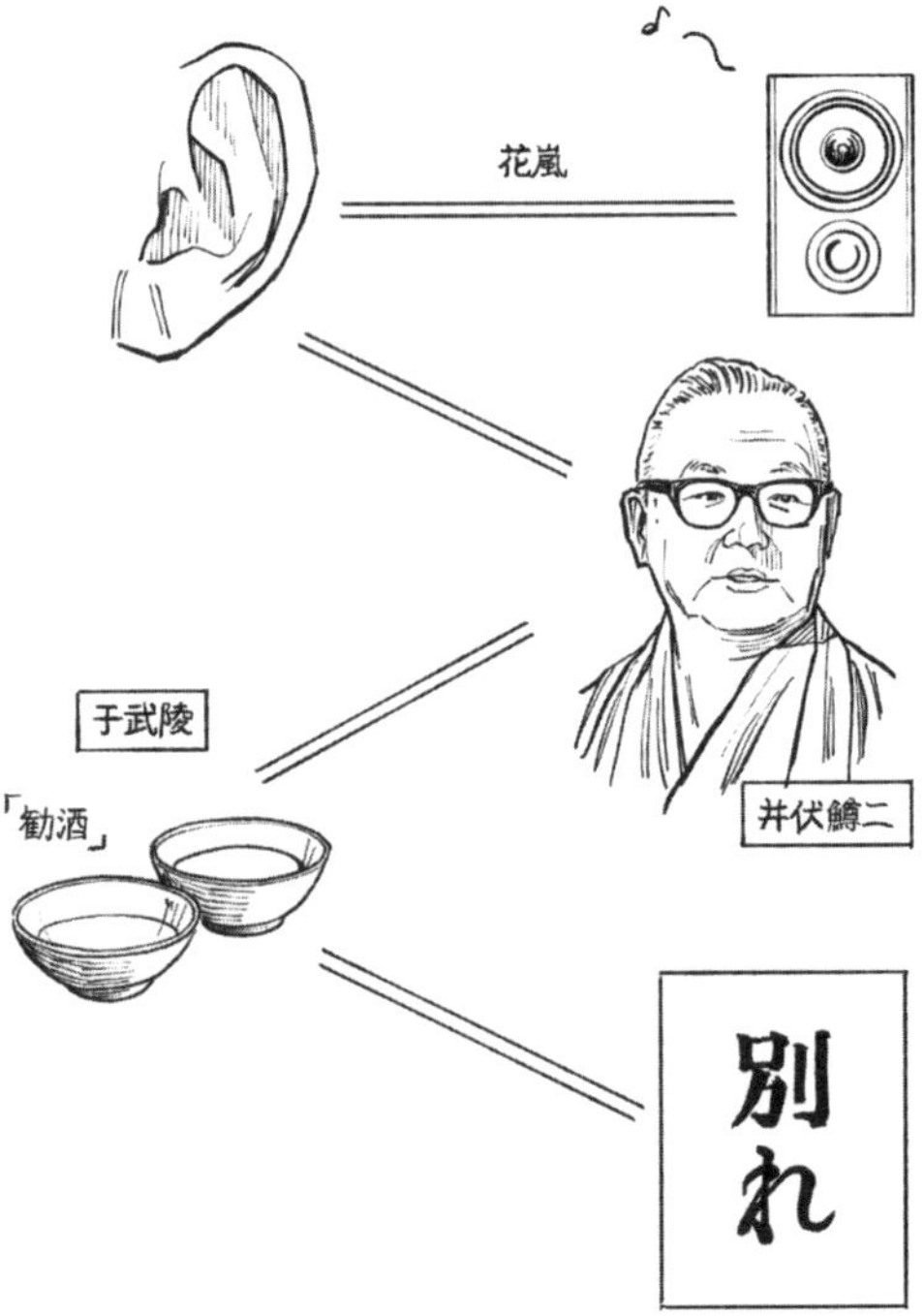

みなさんは、「花に嵐」と聞いて、どんなイメージを持つでしょうか？

実はこの「花に嵐」という言葉は、いろんな作品で登場する言葉です。米津玄師というミュージシャンも「花に嵐」という楽曲を発表していますし、Ｅｖｅというミュージシャンも「花嵐」という楽曲を発表しています。ａｉｋｏというミュージシャンも「花風」という楽曲を出しています。

「花」と「風・嵐」という組み合わせは、多くの場所で登場するものなのです。おそらく多くの人は、「花に嵐」と言われても、「花吹雪の嵐」のようなイメージを持つと思いますし、これらの楽曲も確かにそういう歌詞もあるのですが、しかしそれだけではなく、**これらの曲の多くは「別れ」を歌っている場合が多いです。**

なぜ、「花に嵐」は「別れ」の象徴なのか？

これは実は、すごく深い理由があるのです。

まずそもそも、「花に嵐」というのは、『山椒魚』『黒い雨』などの小説で有名な、井伏鱒二の言葉です。

コノサカヅキヲ受ケテクレ

ドウゾナミナミツガシテオクレ
ハナニアラシノタトヘモアルゾ
「サヨナラ」ダケガ人生ダ

後半の「花に嵐のたとえもあるぞ　『さよなら』だけが人生だ」に注目してください。『さよなら』だけが人生だ」という言葉の方は結構有名ですよね。

でも実は、その前の言葉が「花に嵐のたとえもあるぞ」なのです。

そして、この井伏鱒二の言葉は、とある漢詩（中国の昔の詩）を訳したものだと言われています。于武陵の「勧酒」という漢詩です。

花發多風雨
人生足別離
（花発けば風雨多し
人生別離足る）

この漢詩の解釈は諸説ありますが、要するに、「花が咲いて、綺麗なままで残っていて欲しいのに、雨風が多くてすぐに散ってしまう。それと同じように、綺麗で終わりのないことが望ましいにもかかわらず、人生も別れが多いものだ」というような意味だと解釈します。

これを井伏鱒二は「花に嵐のたとえもあるぞ　『さよなら』だけが人生だ」と訳したわけですね。そしてそこから、「花に嵐」「花嵐」という言葉は、「綺麗な花が咲いたのに、雨風や嵐ですぐに散ってしまうかのように、人生には別れが付き物だ」という、花の儚さと人生の別れを象徴するような表現として使われることが多くなったわけです。

ちょっとした歌詞のワンフレーズが、すごく深い意味だったり先人の言葉からの引用になっていたりするということは多くある話です。

勉強している人ならばわかるそうしたちょっとした引用というのがわかるようになると、音楽も小説も映画も、より楽しめるようになるのではないかと思います。

Theme

18

「昨日の夜、あんまり眠れなかったから、すごく眠い」という言葉を聞いて、現在完了形を思い浮かべる

みなさんは、英語で「現在完了形」という英文法項目を勉強したことはありますか？「have＋ppを使うことで、現在完了の意味になります」と先生に言われて、「現在完了ってなんだ？」と頭がこんがらかった人もいるのではないでしょうか。ちなみに、僕もその1人だったわけなのでした。

現在が完了しているってなんだろう？　と。

例えば、

I have seen the movie three times.：私は過去3回その映画を見たことがあるが現在完了形なわけですが、これがなんなのか、どうしてこういう「過去にこういうことをした」というのを現在完了形で表さなければならないのか、全然わからなかった記憶があります。それに加えて、過去完了形とか未来完了形とかも習って、「どういうこと？」とついていけなくなった記憶があります。

現在完了形が難しいと言われる要因として、「日本語にはこれと同じ表現がないから」だと言われています。日本語と英語は違うから、日本人が現在完了形を完全に理解するのは難しい、と。「そうか、そういうものなのか」と思っていたのですが、実はそれは間違っているということが最近わかりました。

『がっちゃん英語』という本があります。これは、韓国の著者が、英語と日本語を両方とも母国語としてではなく外国語として勉強した結果見えてきたことを教えてくれる本なのですが、そこでこの現在完了形について非常にわかりやすい説明がされていました。

「昨日の夜、あんまり眠れなかったから、すごく眠い」

これが、現在完了形なんだ、と。

まずこの言葉、話しているのは現在ですね。「今、すごく眠い」と。そして、その理由の内容として「昨日の夜、あんまり眠れなかった」と言っています。現在の状況を説明するために、過去の出来事を引用して語っています。

実は現在完了形って、これなんです。**話しているのは現在なんだけど、その原因を過去に求めている。「現在に影響を与える過去の話」をしているのが現在完了**なわけです。

「I have seen the movie three times.：私は過去3回その映画を見たことがある」も、「過去に3回見た」という話を「今現在」しているわけですよね。

英語には**「時制の一致」という概念があり、過去の出来事は過去形で、現在の出**

来事は現在形で表すことがルールになっています。日本語はそれが曖昧で、過去の出来事であっても普通に区別なく話すので、「昨日の夜、あんまり眠れなかったから、すごく眠い」という言葉が成立しますが、英語だとこれは現在の出来事なので現在形で表さなければならない。だから、現在完了形を使用するのです。

ちょっとした日本語の言い回しを聞いて、「これって英語だとこういう意味だよな」と考えるのはとても有効な勉強法です。

複数の言語を比較し、違いや共通点に注目することで、それぞれの言語構造への理解を深めることができるのです。

また言語学習に限らず、「身近なことからヒントを得て学習に結びつける」という発想は、頭のいい人の思考をたどる上で非常に重要なポイントでもあります。

学校で習っただけの暗記事項も、日常と紐づけることで生きた知識になるのです。

このような姿勢もぜひ、意識してみてはいかがでしょうか。

Theme

19

プレーンヨーグルトを見て、「平坦」だと思う

みなさんは、プレーンヨーグルトって食べたことありますか？「プレーン味」のものって、コンビニやスーパーに行けばいくつか見つけることができますよね。普通になんの疑問も持たずに食べている人も多いと思うのですが、みなさん「プレーン味」って、どんな味ですか？　普通の味で、素材そのままの味。そんなイメージを持つと思いますし、それは正しいのですが、しかし「どういう味なのか」と聞かれるとわからないという人も多いのではないでしょうか。

ちょっとした知識がある人なら、この「プレーン」がどんな味なのか、答えられます。ずばり、「平坦な味」です。「普通」でも「素朴」でも、実はプレーンの根本的な意味とは若干違います。「平坦」が正解です。

プレーンは、「plain」という英単語から来ています。「グレートプレーンズ」という平原の名前を社会科で習った人もいるかもしれませんが、plainというのは「平原・平坦・平べったい土地のこと」を指します。どの意味にも、「平」という漢字が含まれていることに注目してください。実は、「pla」とか「ple」という部分は、「平たい」や「広い」という意味を持つ言葉に由来しています。

ちなみに、同じような読み方で「plane」という英単語もあります。「air plane」となって、「飛行機」という意味ですね。ラテン語の「planus」(平らな、平面)に由来しており、飛行機の形状が「平らな面」や「平面」を持っていることから「プレーン」が使われているわけです。

さらに、explainという英単語を聞いたことはあるでしょうか？ これは「説明」という意味の英単語です。

exというのは、「外へ」という意味の接頭語で、「exit(出口)」なんかが有名ですね。みなさんが普段よく使う扉にも、「exit」と書いてあることがあると思います。「外へ」と「平ら」が結びついて、「説明」になる……どうして「説明」になるのか、みなさん想像できるでしょうか？

説明とは、「口に出して、難しいものを簡単にする」ことです。つまりは「外(口)に出して難しいものを簡単に(平らに)する」ということです。簡単に説明することを「平たく説明する」と言いますよね？ だからexplainは「説明」という意味になるのです。

他の英単語を例に出してみましょう。例えばスポーツ観戦が好きな人は、「フォーム」という言葉をよく耳にすると思います。このフォームという言葉、本来は「形」という名詞や「形作る」という動詞を表す「form」という英単語からきています。「形」というニュアンスから、スポーツ選手の姿勢を表すフォームという言葉へ派生したわけです。

この「form」という言葉の頭に「uni（＝1つの）」という接頭辞を足すと、「uniform（＝制服・ユニフォーム）」という英単語が生まれます。言わずもがな、「1つの型」として決まっている服を表す言葉ですね。他にも「re（＝再び）」を足すと「reform（＝作り直す）」、「trans（＝〜を超えて）」を足すと「transform（＝変身する・変形する）」になるなど、さまざまな英単語の元になっている言葉です。

このように、**英単語にも由来というものがあります。**その単語がどんな構成要素で成り立っているかを見れば、暗記に役立つだけでなく、知らない単語の意味や用法を推測することも可能です。

ただの「プレーン」という言葉1つからでも、いろいろな関連単語を想起して言語への理解を深められる。頭のいい人は、そういう思考回路も持っているのです。

興味の湧いた方は、他の単語もぜひ調べてみてもらえればと思います。

Theme

20

「けりをつける」
「情けは人のためならず」
という言葉を見て、
古文単語を見つけられる

みなさんは、「情けは人のためならず」という言葉を、次の2つのうちどちらの意味だと解釈していますか？

「人に情けを掛けておくと、巡り巡って結局は自分のためになる」

「人に情けを掛けて助けてやることは、結局はその人のためにならない」

正解は、前者です。「情けは人のためだけでなく、自分のためでもある」という意味になります。

「え？『ためならず』って、『ためにならない』って意味でしょ？　なんで自分のためになるって意味になるの？」と考える人もいるでしょう。実はこれ、**理解するために古文の知識が必要**なんです。

「ならず」という言葉をよく見てみましょう。これは、古文における断定の助動詞「なり」に、否定の助動詞「ず」がついた形です。「なり」は「である」という意味なので、「ならず」は「ではない」という意味になります。「ためならず」は、「ためにならない」ではなく、「ためではない」と訳す方が正しいのです。そしてそう解釈すると、「情けは、人のためではない」という意味になりますよね。だから、「情けは人のためではなく、自分のためである」という意味が正しいとわかります。このように、今我々が使っている言葉の中には、昔から使われている言葉の名残があるものも数多く存在するのです。

他の例で言えば、「けりをつける」という言葉がありますよね。「終わりにする」みたいな意味合いでよく使う言葉ですよね。「この業務にけりをつける」という意味ですね。あの「けり」って、なんのことだかみなさんわかりますか？

「え？　けりって、『蹴り』なんじゃないの？」と思った人もいると思うのですが、実は違います。これも**古文の助動詞の「けり」**なのです。「けり」は、過去のことを語るときや「〜だなあ」という詠嘆を伝えるときに使う助動詞で、文末につけられることが多いです。逆に、「けり」という助動詞をつけるということは、文に終わりをつけるということに他ならないのです。だから、**「文末にけりをつける」→「文や出来事を終わらせる」という意味として使われるようになったと解釈**できます。

古文なんて、昔の言葉だから勉強する意味がない、という人がいます。その気持ちはよくわかるのですが、しかし古文といえど、意外と、今にも大きな影響を与えているものばかりなのです。先ほど説明した、「情けは人のためならず」という言葉も結構多くの人が「情けは人のためにならない」という意味だと勘違いしていますが、本当は、「情けは他人のためのものではなく、自分にも返ってくるものである」という意味で、これも四段活用動詞の「なる」に否定の助動詞「ず」がついたものです。これで「ではない」という意味になると古文で習っている人なら、この意味がきちんと理解できるわけです。

今使っている言葉を深く理解するためには、古文を勉強するというのも良い選択肢かもしれませんね。

言わずもがなですが、昔の言葉があってこその現代語です。古文と現代文を結びつけて知識として活用する能力があれば、言葉を使うのが楽しくなるだけでなく、日常やビジネスの場面でも役立つことがあるはずです。

Theme

21

「ターミナル」を見つけて、「始発であり終着だ」と考える

みなさんは、映画『ターミネーター』を知っていますか？　アーノルド・シュワルツェネッガーが出てくる映画で、「ロボットが人類を滅ぼす」という内容のアクション映画でしたね。観たことはないけれど聞いたことはある、という人も多いと思います。さて、この映画のタイトル『ターミネーター』とはどういう意味でしょうか？

ここでもう一つ、日常生活の中でよく登場する言葉を紹介します。

「ターミナル」です。みなさんは日常生活の中で「ターミナル」をかなり頻繁に使っているのではないでしょうか。駅の近くにあるバスターミナルを使って移動することもあると思いますし、飛行機に乗るときに「第一旅客ターミナル」とか「国際線ターミナル」に向かうこともあるでしょう。「ターミナル」と付いた場所を使ったり、ターミナルという言葉を利用したりする経験は多いのではないでしょうか？

でも、「ターミナル」が本当はどういう意味なのか、知らないという人も多いと思います。「じゃあターミナルの日本語訳は？」と聞かれたときに、答えられないという人ばかりなのではないでしょうか？　そしてこのターミナルって、さっきのターミネーターとどんな関係性があるのでしょうか？

これらの言葉について説明する場合、「terminal」と「terminator」の両方に入っている**「term（ターム）」という英単語**のことを説明しなければなりません。

これは、**「範囲の限定」を原義に持つ言葉**で、**「期間（時間を限定するため）」「用語（言葉の意味を限定するため）」という意味**を持ちます。範囲を限定するのは、「最初」と「最後」です。最初と最後があるから、その間が生まれる。無限の時間がある中で、「4月から7月まで」と最初と最後を決めることで「1学期」という範囲が生まれますよね？　だから日本語でも、「1学期」のことを「第1ターム」なんて呼ぶこともあります。

というわけで、「ターミナル」というのもこの「範囲の限定」で理解できます。**「ターミナル」とは、バスや飛行機の路線の範囲を限定するためのもの・「出発点」であり「終着点」のこと**です。**「始発駅」というのも「終着駅」というのも間違っていて、その両方の性質を併せ持つのがターミナル**なのです。

始まりであり、終わりでもある。これが、「ターム」という言葉なのです。

「ターミナルケア」という言葉があります。これは、終末期医療と訳されて、「人生の終わりが近い人に対する医療行為」のことを指します。「終わり」が近い人に対する医療、ということですね。

そして、ここまでわかれば、「ターミネーター」もわかります。「ターミネーター」は「終わらせるもの」という意味でした。

「人類が始まってから今まで続いてきた人類の歴史を、終わらせて、ここで人類史という範囲を限定する」という意味だったわけですね。

日常に溶け込んでいる英語も、原義を調べてみることで、他の関連単語への理解につながることがあります。これを繰り返すことで、英語そのものへの言語理解も深まることは間違いありません。

身の回りの見慣れた言葉にも、今一度、好奇心を持って目を向けてみてくださいね。

Theme

22

「発祥の地」と聞いて、「ルールができた場所」と考える

みなさんは、イギリス発祥のスポーツって知っていますか？

イギリス発祥のスポーツというのはとても多く、ラグビー・サッカー・テニス・ゴルフ・ボクシング・クリケットなどのスポーツは、すべてイギリスが発祥だと言われています。我々が知っているスポーツばかりですね。

でも、イギリスってあんまりスポーツが盛んな国というイメージはないですよね。「発祥の地」というと、そのスポーツが生まれた場所、というイメージを持つと思いますが、しかしそんなに多くのスポーツがイギリスで生まれたというのはなんとなく違和感がある人も多いのではないでしょうか？

話は少し変わりますが、「発祥」って、証明がすごく難しいですよね。

ボクシングは、相手と殴り合いの喧嘩をして勝負を付けるというスポーツです。でもこれって、別にどこでスタートしていても不思議ではないですよね。だって、喧嘩はどこで行われていても不思議ではありません。

なのになぜ、ボクシングはイギリス発祥だと言われているのか？　答えは、「ルールを作ったのがイギリスだから」だと言われています。19世紀に、クインズベリールールと呼ばれるボクシングのルールが確立され、今でも残っているようなラウンド制などのシステムが作られたのだとか。

もともとの歴史で考えると、「殴り合って勝ち負けを決めるスポーツ」というのは紀元前からローマで行われていたそうですが、「ボクシング」というスポーツ自体は、イギリスで初めて作られたのだそうです。

このように、**「発祥」は必ずしも「そのスポーツが生まれたところ」という意味ではなく、「ルールができたところ」というような意味**で使われることもあります。テニスは、屋外で遊ぶための設備や道具をイギリス人が考え出したことで世に広まったので「イギリス発祥」と言われているのですが、実はその何世紀も前に、フランスの修道士が行っていた、という記録もあります。「棒で球を打って遊ぶスポーツ」はいろんな国であったけれど、「テニス」という形に編纂したのがイギリスだった。だからイギリスが発祥の地と言われているわけですね。

「発祥」と聞くと、「ああ、このスポーツ・この料理は、ここからスタートしたんだな」というように感じることでしょう。

しかし、実際には「スタート」したというわけではなく、ルールがまとめられて編纂された場所、というくらいの意味なことがあります。

このように、言葉の意味を正しく理解しないと、物事を勘違いして解釈してしまいがちです。逆に言えば、ふだん何気なく目にしている言葉も、「そういえばこの定義って何だっけ？」と気にしてみると、新たな発見につながることがあります。

そう、頭のいい人はそうやって世界を広げているのです。日常生活の中で「なぜ？」という疑問意識をいつもめぐらせており、それらの答えをつなぎ合わせることで連続的な学びを得ています。いわば〈学習の自動化〉が脳内で行われているのです。

ぜひ同じように、日常生活の中でいろいろな疑問に目を向けてみてはいかがでしょうか。

Theme

23

「on」と聞いて、「上」ではなく「くっつく」というイメージを思い浮かべる

みなさんは、「ｏｎ」という言葉を聞いて、どんなイメージを持ちますか？

「オン」という言葉は、日本語でもいろんな場所で使いますね。電気を付けるときにボタンを押すことを「オン」、電気を消すときには「オフ」と言いますね。1人の人とミーティングをするときや、バスケットボールで1vs1で戦うときには「1 on 1」と言うことがあります。でもこの「ｏｎ」って、結局どういう意味なのでしょうか？


まずそもそも、英語を勉強していると「ｏｎ」という言葉はすぐに習います。「上」って意味ですね。「on the table」＝「テーブルの上」というような使い方をします。

でもこれだと、さっきの「電気を付けることをオンと呼ぶこと」や「1 on 1で、2人で話したり戦ったりすること」がどういう意味なのか、説明が付きません。

ｏｎは、「上」ではないとしたら、どういう意味なのでしょうか？

これを理解するために、この英文を読んでください。

Put a poster on the wall. ポスターを壁に貼る。

さて、この英文は先ほどの「on the table」と同じような使い方でありながら、ちょっと不思議な使い方だと思いませんか？ だって、ポスターは壁の「上」には貼りませんよね。壁のところに接する形で、どちらかというと「横」に貼るはずです。それなのに、なんでポスターを壁に「ｏｎする」と言っているのか？**これは、ｏｎの意味というのがそもそも「上」ではなく「接触」だから**です。机の上に物を置いているとき、机とその物は接触しています。ポスターを壁に貼るとき、ポスターと壁は接触しています。ｏｎというのは、「接触」がもともとの意味なのです。

スイッチをオンにする、ということの謎もこれで解けます。回路と回路が接することで、電気が流れ、電気が付く。つまりは、回路同士が「接触」することで、電気が流れるわけです。このイメージが、スイッチを「オン」にする、という言葉にも表れていると言えます。電気を付けるときに、ボタンを押すということは、回路同士が接触するということなのです。

1 on 1の謎も、これでわかるのではないでしょうか？ 1人の人と1人の人が、どういう形かはわからないけど、「接触する」というのが1 on 1です。直接会うこともあるかもしれないし、戦うこともあるかもしれない。

でも、離れていた人同士が、「くっつく」という意味になるのは確かですね。「オ

英単語の本来のニュアンスを理解し、語彙力を深める思考例

inのニュアンス

内部に存在する、範囲の中にいる状態

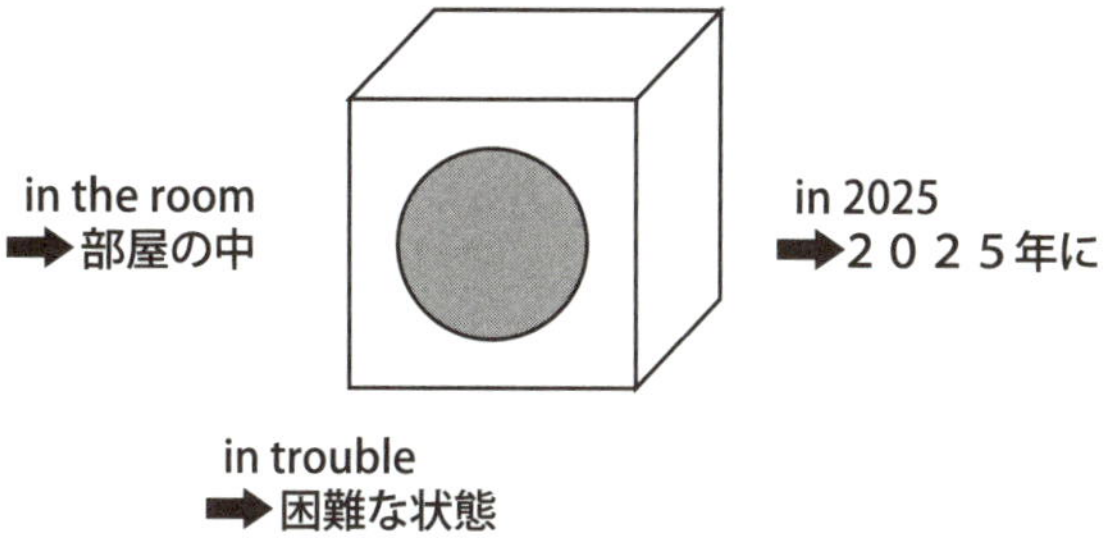

ン」＝「接触」と考えると、すべての辻褄が合うわけです。

　小中学校の英語教育では便宜上、英単語の意味を簡略化して教えるケースが多くあります。しかしその単語にこめられた本来のニュアンスを知ることで、本質的な言語理解を得られるのです。

　学校で習った固定観念に縛られず、新鮮な感覚で学び直せば、きっと新たな発見に出会えることでしょう。

Column

コラム教養を持っている人が見ている世界

日本人は、社会を重視する？

みなさんは、「島流し」って知っていますか？　奈良時代から江戸時代にかけて、日本には「島流し」という刑罰が存在しました。死罪の次に重い刑罰として機能した時期もあるくらい重い罰で、政治犯や殺人犯に対して科せられていました。流された後はずっと島で生活することになり、今でいう「無期懲役」のような形で機能していたと考えられます。最も有名な島流しにあった人は後鳥羽上皇で、彼が流された隠岐では、上皇をもてなすために行われたと言われる牛同士が角を突き合わせて戦う「牛突き」が今でも文化として残っています。

しかし1つ疑問が残ります。なぜ島流しは、そこまで厳しい刑罰として扱われたのでしょうか？　死刑に次ぐ無期懲役って、結構重い罪ですよね。島に流すのって、そんなに重い行為なの？　と。

理由の1つは、流された先の島はかなり過酷な環境であることも多かったということです。未開の地も多く、今の刑務所のように食事が提供されるわけでもない。農業が整備されているわけでもないので、飢え死にしてしまう人も少なくなかったと言います。もちろん身分の高い人であればそこまでの生活を送ることはなかったわけですが、やはり都市部の生活とは比べ物にならないほどの大変さだったわけです。

もう一つ考えられるのは、日本人の、「社会」を重視する感性が表れているのではないかというものです。ルールを守ることが重視され、立場が異なる人に対しては「敬語」を使い、おかしな行動を取る者には「村八分」で社会生活が行えなくなるような扱いをする。個人よりも社会全体を重視するシステムが日本には作られており、それこそが「辛い」ものなのではないかと考えられます。

ちなみに、「社会からの隔絶」という点では、島流しだけではなく、この時代における「出家」も同じ扱いだったと言われています。奈良時代以降、来世での幸せを求めて出家する人は多かったようです。紫式部『源氏物語』でも、出家を死ぬことと同義として捉えている描写がよく描かれています。その他のこの当時の古文を読んでいると、「出家」をほとんど「死」と同じこととして扱っていることに驚かされます。日本人は昔から、「社会から隔絶されるのは、死ぬのと同じくらい苦しい」と感じていたのかもしれませんね。

コラム

教養を持っている人が見ている世界

なんで苗字に「の」が入る人とそうでない人がいるの？

日本史の勉強を勉強していると、古代の時代には「卑弥呼」とか「ワカタケル大王」とかそんな名前でしたよね。それが、飛鳥時代以降にだんだん、今の時代と同じような「蘇我馬子」とか「小野妹子」とか、「苗字＋名前」の名前が出てくるようになります。

でも、鎌倉時代くらいまでの歴史上の人物の名前は、今の苗字のルールと違う人物が多いです。「藤原道長（ふじわら「の」みちなが）」「源頼朝（みなもと「の」よりとも）」「平清盛（たいら「の」きよもり）」のように、藤原氏や平氏・源氏には、名前と苗字の間に「の」と入っています。これって、どうしてそうなっているのか、みなさんは知っているでしょうか。

これは実は、「氏（うじ）」と「姓（かばね）」が深く関わっています。今は我々には苗字が1つしかありませんが、氏と姓という別々のものが区別されていた時代がありました。

「氏」は、血縁や一族を表すものです。例えば「藤原氏」は、中臣鎌足が天智天皇から与えられた氏です。源氏や平氏も同様で、天皇から賜ったものになります。これは通常の「姓」とは分けて考えられていたのです。そして、個人名につなぐ際、「の」を挟むのが古くからの習わしだったのです。

それに対して「姓」は、職業や職能・朝廷内での立場を表すものでした。例えば源頼朝も、本来は「源 朝臣 頼朝」となります。「朝廷の臣下」という意味で「朝臣」が姓ですね。とはいえ、奈良時代以降にはほとんどの人が朝臣となってしまったため、意味がなくなったと言われています。

現在まで続く「苗字」は、もともとはこれらとは別のもので、同じ「氏」の人が多くなってきてしまったためにそれと区別するために領地の地名を取るなどして名乗るようになったものだと言われています。例えば源頼朝の従兄弟にあたる有名な武士である木曾義仲は、名前の前に「木曾」と付いていますが、本来は彼も「源義仲（みなもと「の」よしなか）」でした。ですが、木曾で育ったため、木曾義仲（きそよしなか）と呼ばれています。ここからも、「氏」と「姓・苗字」が異なるものだとわかるでしょう。名前にもかなりいろんな歴史があるんですね。

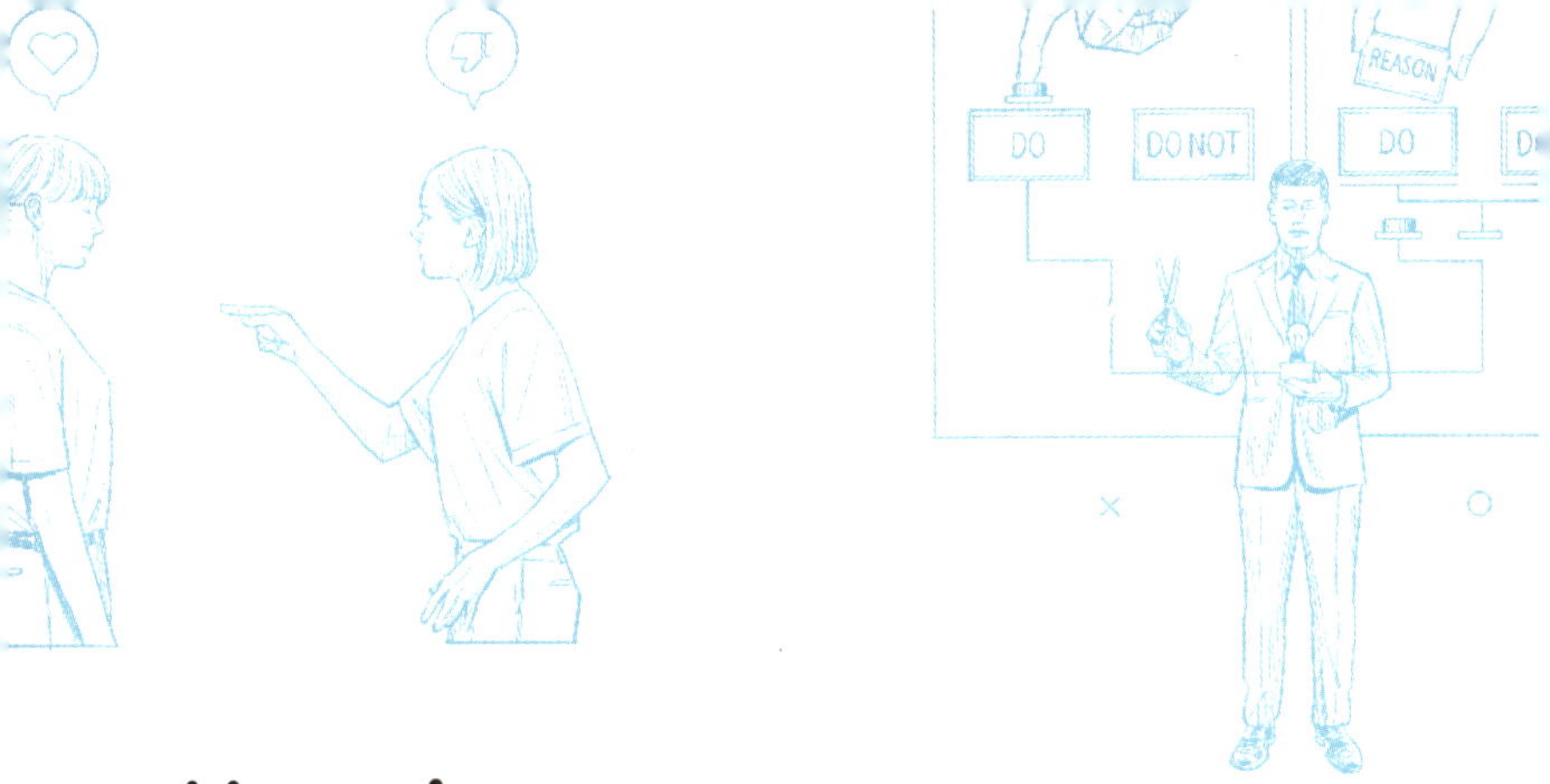

第4章

多角的な視点を持っている人が見ている世界

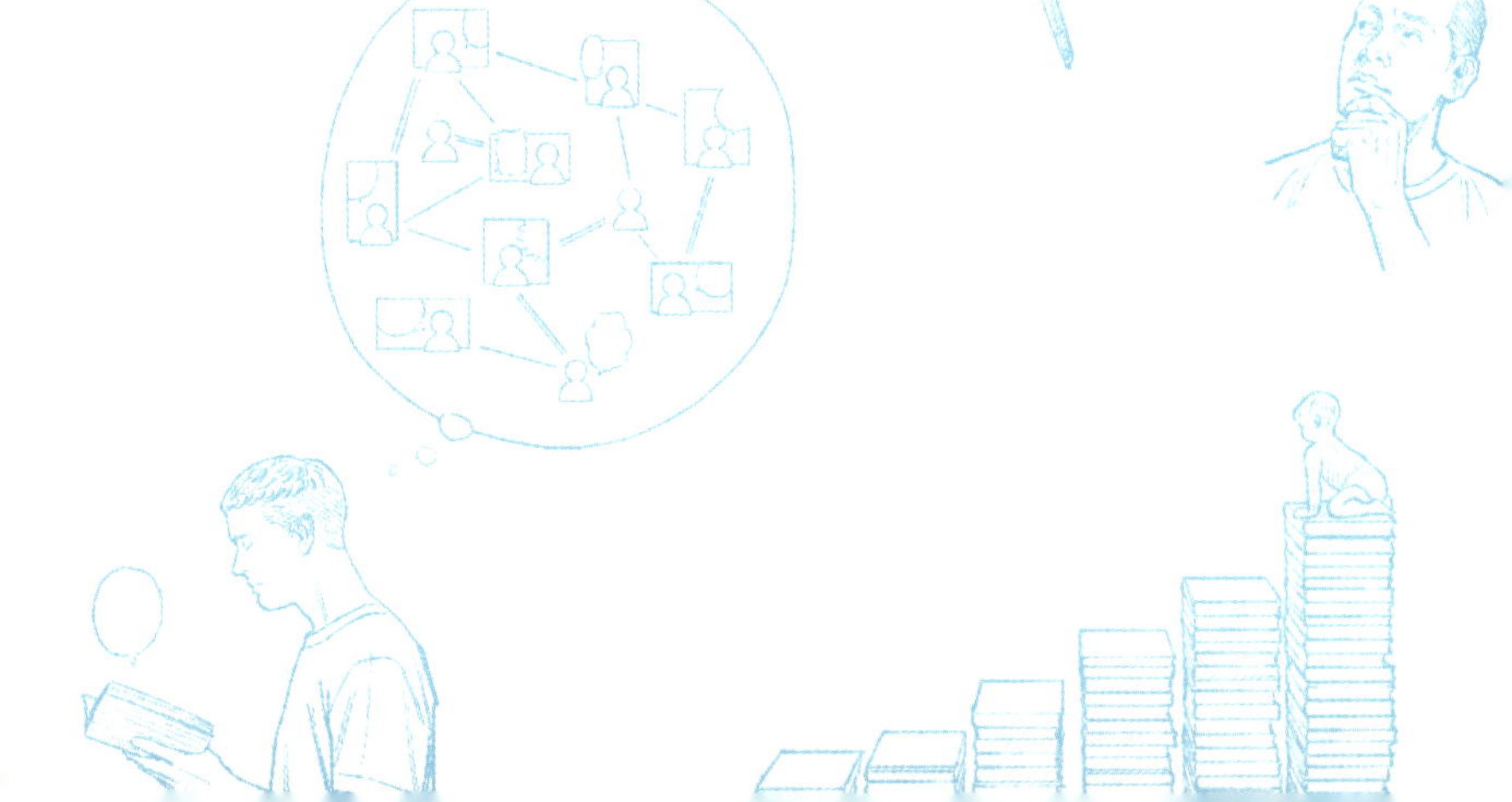

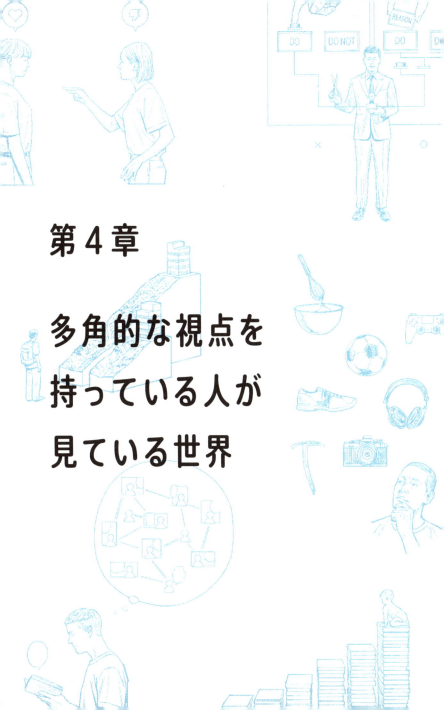

Theme

24

自分のダメなところを伝えてくれる人を見て、大切な存在だと思う

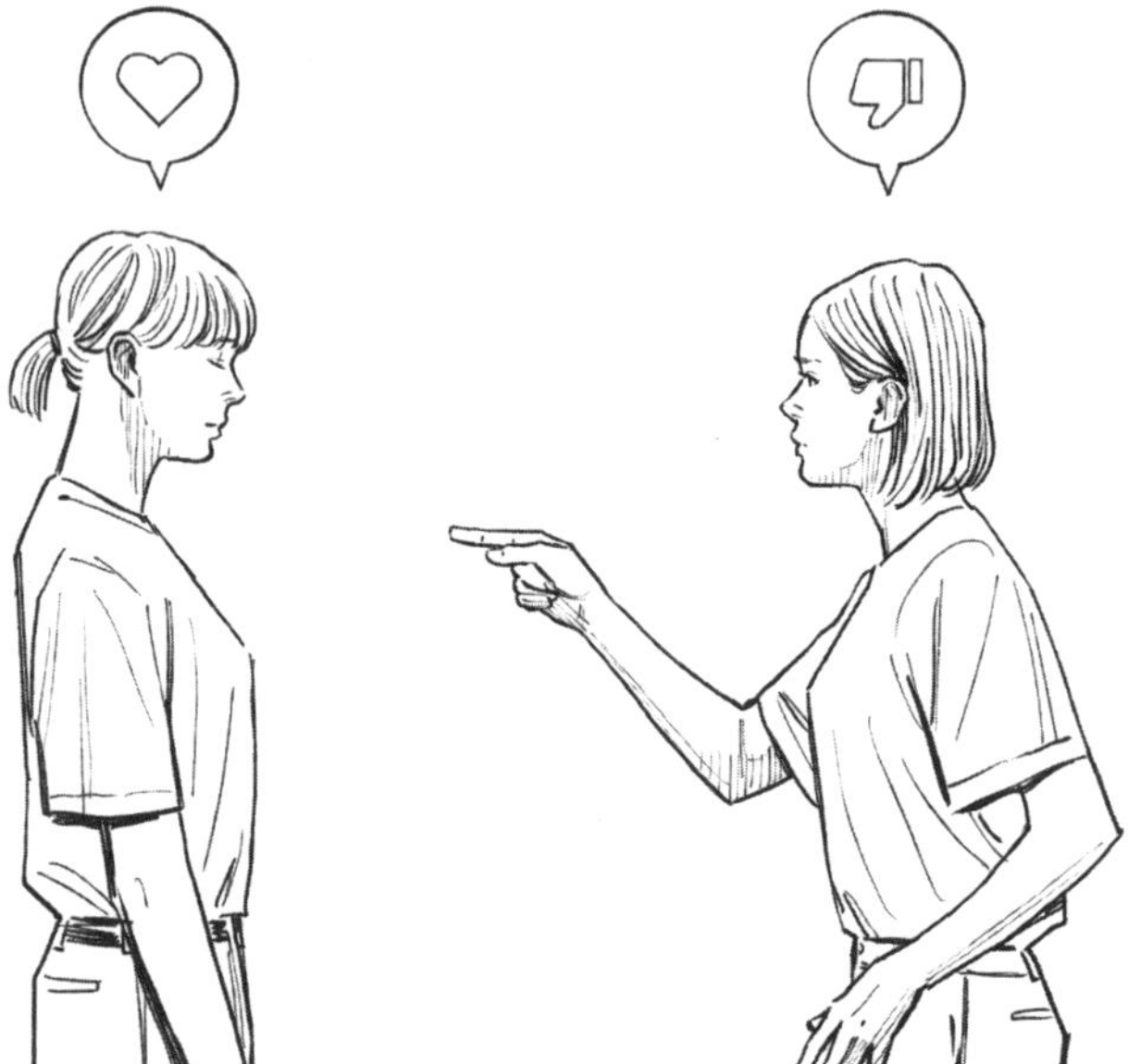

突然ですが、あなたの親しい友人1人と、個人的に苦手で嫌いな人1人を思い浮かべて、その人たちのいいところと、ダメだと思うところを考えてみてください。

さて、そのいいところとダメなところ、本人に伝えていますか？

おそらくですが、「いいところ」は伝えていて、「悪いところ」は伝えていないのではないでしょうか？

実はこの質問の答えを集計したところ、大抵の場合は、**その人のダメなところは、好きな人も嫌いな人も等しく相手に伝えていない場合が多い**ことがわかったのだそうです。親しいからといって相手の欠点を伝えることもなく、親しくない人にだって欠点を言うこともないのだとか。でも逆に、親しい人の欠点も親しくない人の欠点も、本人以外には割と伝えてしまっていることが多いのだそうです。本人には伝えていないのに、その人の欠点を周りに伝えてしまっているというわけですね。

ここからわかることは要するに、**我々は、自分の欠点を他人からフィードバックしてもらうことは本当に少ない**にもかかわらず、**自分の欠点を他人同士ではシェアされていることが多い**ということです。どうでしょうか？

すごく怖い話だと思いませんか？

そしてそう考えると、「あなたの欠点をあなたに面と向かって話してくれる人」の存在って、とても大切と思いませんか？

直接あなたに、あなたの悪いところを言ってくる人って、みなさんからしたら「なんだよ！　なんでそんなことを言うんだ！」という気分になってしまうことと思います。ですからそういう人のことは遠ざけてしまったり、嫌いになってその人と会うことを避けてしまったりしてしまうことがあるかもしれません。

が、しかし、**本当はすごく重要なフィードバックをもらっているかもしれない**のです。そういう人と仲良くしておくことは、もしかしたら自分にとってとてもいい効果があるかもしれないのです。

基本的に誰でも、自分の欠点や弱点を人から指摘されるのはとても怖いことです。でもそれ以上に、あなたの欠点や弱点が他のいろんな人にシェアされてしまっている状態の方が、怖いことだと思いませんか？

その欠点や弱点を改善する機会があるなら、改善したいと思うことでしょう。そしてそのときに、「あなたの欠点をあなたに面と向かって話してくれる人」はとても重要な助言をもらえる相手になるのです。

自分の欠点を指摘されるのは耳が痛いかもしれませんし、嫌な思いもするかもしれません。**それでも、自分の悪いところが多くの人に広まっていて、それを改善するチャンスがないよりはマシ**です。長期的な視点で考えれば、そういったストレスを我慢してでも、自分を補ってくれる存在を大切にした方が絶対に得なのです。

頭のいい人は、そのことをちゃんと自覚しています。ぜひ、「あなたの欠点をあなたに面と向かって話してくれる人」は大事にしてください。

Theme

25

やる気のない部下を見て、「やる理由を伝え切れてない」と考える

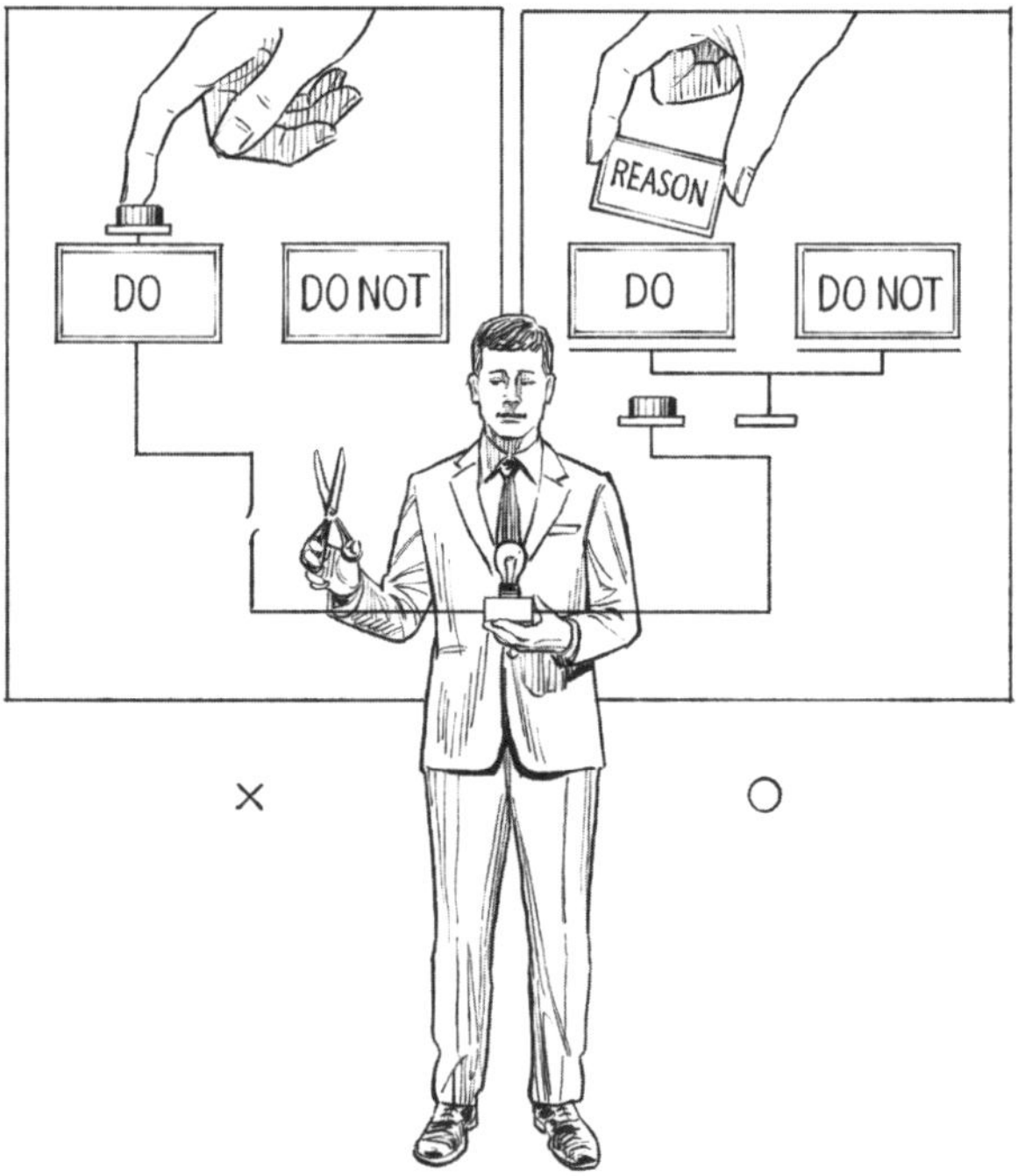

みなさんがもし社会人なら、「やる気のない部下」に対応しなければならないタイミングというのは多いのではないでしょうか。「こうしてくれ」とお願いしても、「ええ、なんでそんな面倒なこと」と言われてしまったり、あなたの思うような努力をしてくれないという場合があるでしょう。そういう人を見て、「やる気がない部下を持って自分は辛い」と考える人も多いでしょうが、しかしそれは勘違いである可能性があります。

この**「やる気のない部下」への対応の前提になっているのは、「やる気がないと人間は動かない」という考え方**です。

みなさんのイメージでは、やる気スイッチのようなものが人間にはあって、それが押されていないと仕事をしないし、それを押すのが上司の仕事、という考え方をしている人も多いのではないでしょうか。

でも、みなさんは自分たちのことを省みたときに、どうでしょう？　やる気に満ち溢れて毎日仕事をしていますか？　または、最初から最後まで同じやる気を持って仕事に取り組んでいますか？　おそらくは、別にやる気に依存して仕事しているわけではないはずです。

ここでみなさんの誤解を解くために言うと、**人間は、「やる理由」があれば「やる」ということがわかっています。**脳科学的に説明しましょう。やる気というのは、脳の中で言うと「島皮質」というところが関係しています。これは、大雑把にいうと人間の「損得勘定」を司るところです。「なかなかやる気が出ない」という人は、ここが働きすぎてしまっているケースが多いです。損得勘定が強いので、「なんでこれをやらなければならないんだ」という思いが先行してしまう。逆に何にでもやる気になれる人というのは損得勘定をそこまで実践しない人なので、「なんでやるのか」がなくても実行できてしまう、ということです。

要するに、やる気がないように見える人は、「やる気がない」のではなく「やる理由がない」から行動しないのです。

「これをやることによって、会社として、個人として、一体どんなメリットがあるのか？」それが明確になっていない状態で「そんなことを考えずにやれ！」というのは、実は大きな間違いなのです。

そもそもやる気って、やっているうちに見えてくる場合だって多いです。

運動部に入った学生は、走り込みや筋トレの時間もやる気がとても大きい、ということはなかなかないと思います。練習の間はむしろつまらないと感じてしまいます。ですが一度部活に入って友達と一緒に行動してみて、また試合に出て勝ったり負けたりして、徐々に「楽しい」と感じられるようになってやる気が溢れてきます。でも走り込みをしている人に対して「楽しいだろ！　やる気を出せ！」と言っても意味がありません。

必要なのは、その走り込みが一体何につながっているのか、筋トレの意味を教えてあげることなのかもしれません。相手に対して「やる気がない」と決めつける前に、ぜひ「やる理由」をしっかり伝えられるように努力してみてください。

このように、**うまくいかないコミュニケーションも、別の視点からアプローチすることで円滑に進む**場合があります。

他責思考ではなく、どうすれば物事がうまく進むかという考え方で、全体を見つめてみてくださいね。

Theme

26

自分と性格が違う人を見て、重宝しなければならないと思う

みなさんは、どんな人のことを優秀だと思いますか？

「すぐ行動に移す人」とか「連絡が早い人」とか「文句を言わずに仕事をする人」とか、いろんな特徴が考えられると思いますが、しかし実は、人は他人のことを評価する際に、「自分と似た人」のことを評価しやすいという話があります。

あなたが「連絡を早く返すべきだ」という価値観の人だとしたら、「連絡が早い人」を優秀だと考え、「連絡が遅い人」を優秀でないと考えることでしょう。

でも、それは「連絡を早く返すべきだ」という価値観が共通しているというだけなのです。連絡が遅くても優秀な人はいるかもしれません。「じっくり考えて回答しよう」という意識がある人もいるかもしれませんよね。人は他人のことを評価するとき、自分と同じ価値観を持っているかどうかという点で評価をしてしまいがちなのです。

逆に言えば、本当に重要なのは、みなさんの性格と違う人である可能性がありま す。例えば、こんな話があります。10人に対して性格診断をしてもらった上で、その結果を元にしてチームを作ってサバイバルゲームをしてもらいました。

まず、「同じタイプの人」を5人集めてAグループを作り、「違うタイプの人」を

5人集めてBグループを作りました。そして各グループ内で30分相談をして戦略を練り、その後で実際にゲームをし、どちらのグループが勝つのか？　ということを実験したのです。

まず、30分の作戦会議のときにAグループとBグループで大きな違いが出ました。Aグループは同じ意見が出て「それいいね！　そうしよう！」と議論することもなく10分であっさりと終わりました。

対してBグループはなかなか戦略がまとまらず、「いや、もっとこうすべきだ」と時間ギリギリまで作戦会議が白熱したのです。

そして肝心の勝負はというと、一瞬でした。一瞬でBグループが勝利したのです。

一見すると、Bグループの方は最後まで揉めていたのでいい戦略なんて思い付きそうにないですよね。Aグループの方がスムーズに決まって問題がなさそうな印象を受けます。でも、Aグループの方は全く議論がなかったので、アイデアも深まることがなく、うまくいかなかったというわけです。

この話を聞いて、みなさんはどう思いますか？

ここから得られる教訓は、**自分と性格の違う人ほど、重宝してその人の意見を聞**

くようにする必要があるということですね。もちろん、同じタイプの人と話すのはとても楽で、居心地がいいと思います。でも、居心地がいいだけでは、衝突はなく、成長もなく、うまくいかないことの方が多いのです。

逆に自分とタイプの異なる人は、自分の短所を埋めてくれる長所を持っていたり、自分だけでは気付かなかった視点に立ってくれたりする貴重な存在といえます。

このような存在を受け入れることが、パフォーマンスの向上につながるのです。だから頭のいい人は、他者の意見を取り入れ、多様性を尊重しようとします。

自分と性格が違う人が現れたら、その人のことは、重宝した方がいい可能性があります。ぜひ参考にしてみてください。

Theme

27

高級弁当を見て、必要な無駄だと思う

みなさんはお弁当屋さんに行ってお弁当を買うことはありますか？

いろんなお弁当のメニューがあって、どれを選ぼうか迷うことも多いと思いますが、どんなお弁当屋さんも、メニューによって値段に隔たりがある場合が多いです。逆に、「全品同じ金額」に設定している場合は稀ですね。ですから、庶民的なお弁当屋さんであっても、なぜか高級なお弁当を置いている場合があります。

例えば、基本的に500〜800円のお弁当を売っているのに、2000円もするようなお弁当のメニューも用意されているお店は多いです。この2000円の高級弁当って、あまり買っている人が多いようには見えないですよね。実際、1日にこれらの高級弁当を買っていく人の数はすごく少ないと言われています。

しかし、売れ残ってでも、この高級弁当を用意することには実は大きな意味があると言われています。

同じように、お店でも通販サイトでも、「このコース誰が頼むんだ？」というような一番高いコースが用意されている場合も結構あると思うのですが、これは一体どういうことなんでしょうか？

これは経済学の分野の中の、**「行動経済学」という学問領域の中で証明されている**

話なのですが、「一番高いものを忌避する傾向」が人間にはあります。

「一番高いお弁当」が仮に1000円だとすると、そのお弁当はなかなか売れなくなってしまい、それよりもワンランク低い値段のお弁当が売れるようになります。だからこそ、「一番高いお弁当」は高めに設定しておく方がいいのです。仮に1300円のお弁当を一番に売りたいと考えたら、1300円のお弁当を一番高くしないようにして、それこそ2000円のお弁当を用意するのがいいのです。

そうすれば、「2000円のやつよりは安いもんな」と言って買う人が多くなるわけです。2000円のお弁当がたとえ売れ残ったとしても、それは「必要な無駄」。ないと困るものなわけですね。

ここで2000円の弁当を無くしてしまったら、他のお弁当が売れなくなってしまう可能性が高いわけです。

お弁当以外でも同じです。例えばコンサートのチケットも、A席・B席・C席とランクが分かれている場合があると思います。これでもしA席のチケットがあまり売れなかったとしても、B席を売るために、A席は存在していると言えるのです。レストランでも「松竹梅」でメニューが決まっている場合が多いですが、これも同じことで、「松」が売れなくても「竹」を売るためには「松」が必要だということになります。


売れていないからといって、意味がないわけではない。

むしろ、他のものを売るために、値段に差を設けているのかもしれない。


一見無駄に思えるものも、実は重要な役割を果たしている。

こういった現象は実は、身の回りにたくさん潜んでいるものです。

日常生活で「なぜ？」と疑問に思ったことを調べてみると、そういう意外な事実にたどり着き、視野が広がります。

ぜひ、参考にしてみてください。

Theme

28

項目の多いエントリーフォームを見て、「狙い目の会社だ」と思う

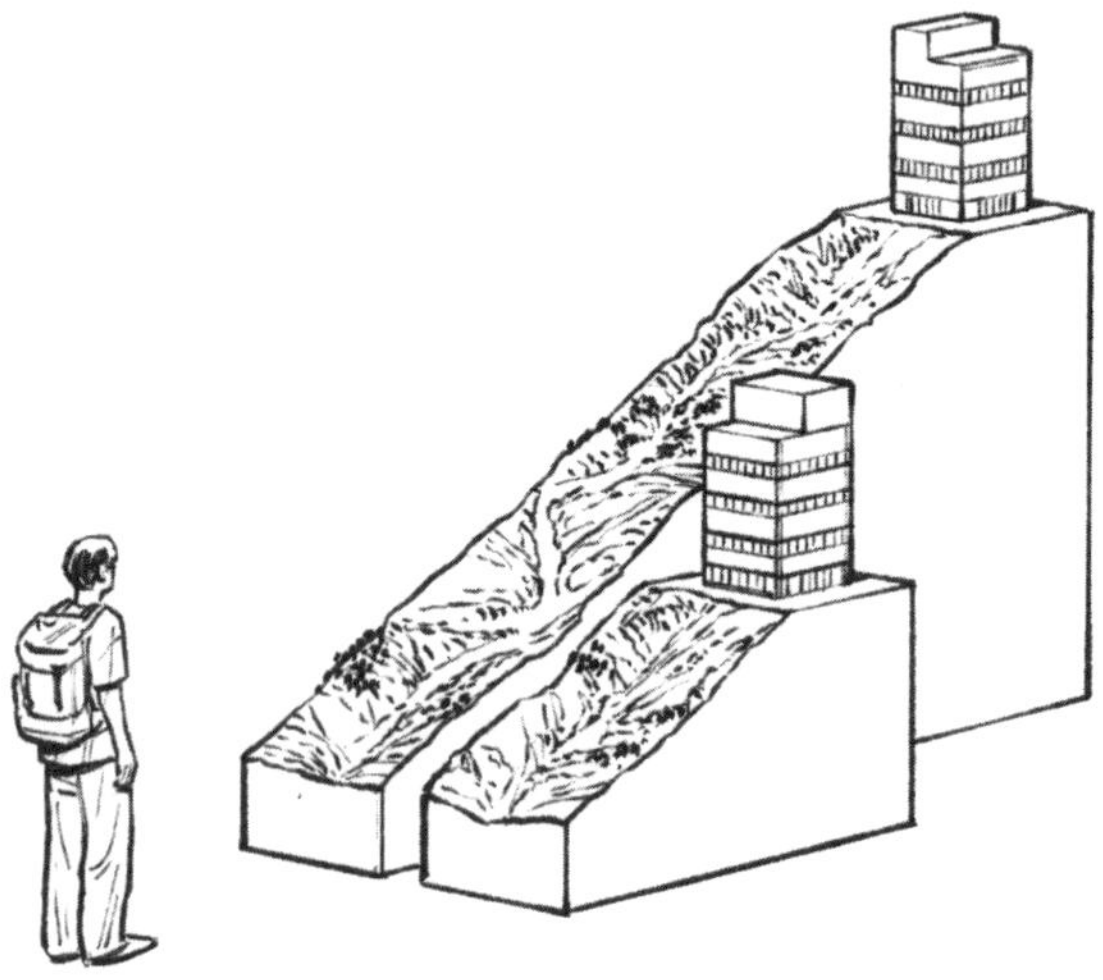

みなさんは会社の就職活動や転職活動をするときに、どんな会社を選びますか？もちろん選ぶ観点は、「面白そうなことをやっているかどうか」とか「福利厚生がしっかりしているかどうか」とか、そうした要素を見て判断する部分は大きいと思いますが、おそらくそれ以外にも、**「エントリーするときの準備が多いか少ないか」も見て考える**のではないかと思います。もしエントリーフォームの項目が多いなら準備に時間がかかるかもしれません。面倒くさいなと考えると思いますし、逆に項目が少ないところは準備時間が少ないから楽だなと考えると思います。

しかし、「楽だ」ということは、そこには多くの人がエントリーをする可能性があるということでもあります。**逆に、「楽」ではなく、準備が大変な企業であれば、エントリーをする人も少なくなる可能性が高い**ですよね。少ないということは、その分競争があまり激しくないということでもあります。つまりは、項目が多くて大変そうなところほど、「狙い目」かもしれないのです。

これは大手企業の採用をしていた知り合いから聞いた話なのですが、年収の高い企業や、人気の職種は、わざとエントリーまでの手順を複雑にして相手に対する要求値を高く設定することで、最初の一次面接に至るまでの間で「ふるい」にかけるようにしているのだとか。大変な手続きや煩雑な手順を踏むのも厭わない人材であれば、ストレスやプレッシャーに対する耐性もあるだろうと考えて、「あえて」そうした項目を作っているということです。

そしてこれは、企業選びに限った話ではなく、大学選びや、家探しでも同じことが言えるでしょう。補助金の申請も、手続きが煩雑な分、美味しい思いができる場合があるわけです。楽な道は多くの人が開拓しているから、楽ではないけれど人が選ばないような道を探した方がうまくいったり、利益が得られる場合があるということですね。

このように、**「多くの人が考えることと逆の思考をする」**というのはとても重要なことです。自分の大変さだけを考えていると、「楽な方を選ぼう」としか考えなくなってしまいます。でも、**広い視野で客観的に考えて、「どうしてこんな複雑な手順を踏ませようとしているのだろう?」と思考すること**ができる人は、チャンスをものにできるようになるということなのです。

ぜひ、多少大変でも、多くの人が選ばないような道の方を選ぶようにしてみてもらえればと思います。

そうすれば、他の人が得られないメリットを得ることができるかもしれませんよ？

これは余談ですが、エントリーが無事に済めば面接に進むことになります。

面接では相手の質問や課題にその場で答えなければなりませんが、そういった場面でも、「頭のいい人の思考」が活きてきます。

頭の回転を速くしましょう、と言ってしまうのは簡単ですが、思考のスピードと柔軟性が大切な要素になります。頭の中に知識や経験を蓄積しておくこと、多角的にものごとを見つめられるように複数の視点を意識すること。こういった思考を訓練しておくことで、瞬時に結論を求められるような場面でもうまく立ちまわれます。

ぜひ日頃から思考のトレーニングを積んでみてくださいね。

Theme

29

漫画を読むときに、最初のページで面白いかどうかを判断する

みなさんは、漫画を読んだ経験はどれくらいあるでしょうか？

そして、その漫画が面白い漫画なのかどうか、どこを読んで判断していますか？

実は、漫画の編集者や漫画を描いた経験のある人であれば、とあるページを読むだけで、「この人は面白い漫画を描くだろうな」というのがわかってしまうのです。

それは、最初の数ページの、キャラクターのやりとりです。最初のページで、2人以上の登場人物が出てくるシーンを読めば、大体その漫画がどれくらい面白いかがわかるのです。

最初の段階では、キャラクターの情報を読者はほとんど知りません。登場人物がどんなキャラで、どんな性格で、どんな関係なのかがわからない。でも、だからといって「この登場人物は○○で～」と説明するわけにもいきません。だからこそ、その2人の関係性がしっかりとわかるように、最初の数ページは少しのセリフ量で読者に多くの情報を伝えられるようにしなければならないのです。それができている漫画は面白くて、それができていない漫画は残念ながら読者が多く離脱してしまうあまり面白くないものになってしまいます。

例えば、『日本三國』（著：松本いっか、出版社：小学館）という未来の日本が舞台の漫画があります。

この冒頭では、主人公の男性が「自重せえ 自重せえ！ ウエディングドレスなんてめちゃめちゃおかしいって！」と言って、それに対してウエディングドレスを着た女性が「自重できん。結婚式といったらウエディングドレスじゃ！」と言います。

このシーンだけを見て、この2人の関係性や状況が一気に頭に入って来ますよ。

このシーンでわかるのは、3つのポイントです。


1つ目はまず、この2人の関係性です。

「ウエディングドレス」の話をしているということは、主人公とこの女性は結婚を控えているということがわかります。


2つ目のポイントは、この2人の仲の良さ・親密さ・キャラクターです。主人公が「自重せえ！」と言って、女性が「自重できん」と返しているので、この2人は気の置けない間柄で、男性も女性も共に、はっきりものを言えるくらい気が強いことがわかります。

3つ目は、価値観の違いです。

未来の話を描いた『日本三國』ですが、「ウエディングドレスがおかしい」という話から、今の日本とは価値観が違う未来の話が展開されているということがわかります。このように、たった2コマで、漫画を読んでいる人に対して多くの情報を提供していたことがわかるわけですね。漫画は、数ページで世界を作らなければならないため、意味のないシーンを入れられないのです。

このように冒頭のごくわずかな情報を読み取ることで、全体の出来を判断できるケースは往々にしてあります。

もちろん話数を重ねた後で名作に化ける作品もありますが、そういった潜在的な才能の芽も、冒頭を読むだけで予想できるかもしれませんよ。漫画に限らずいろいろな媒体に当てはまることなので、ぜひ意識してみてください。

Theme

30

観光地の案内板を見て、どの国の人が来ているのかを考える

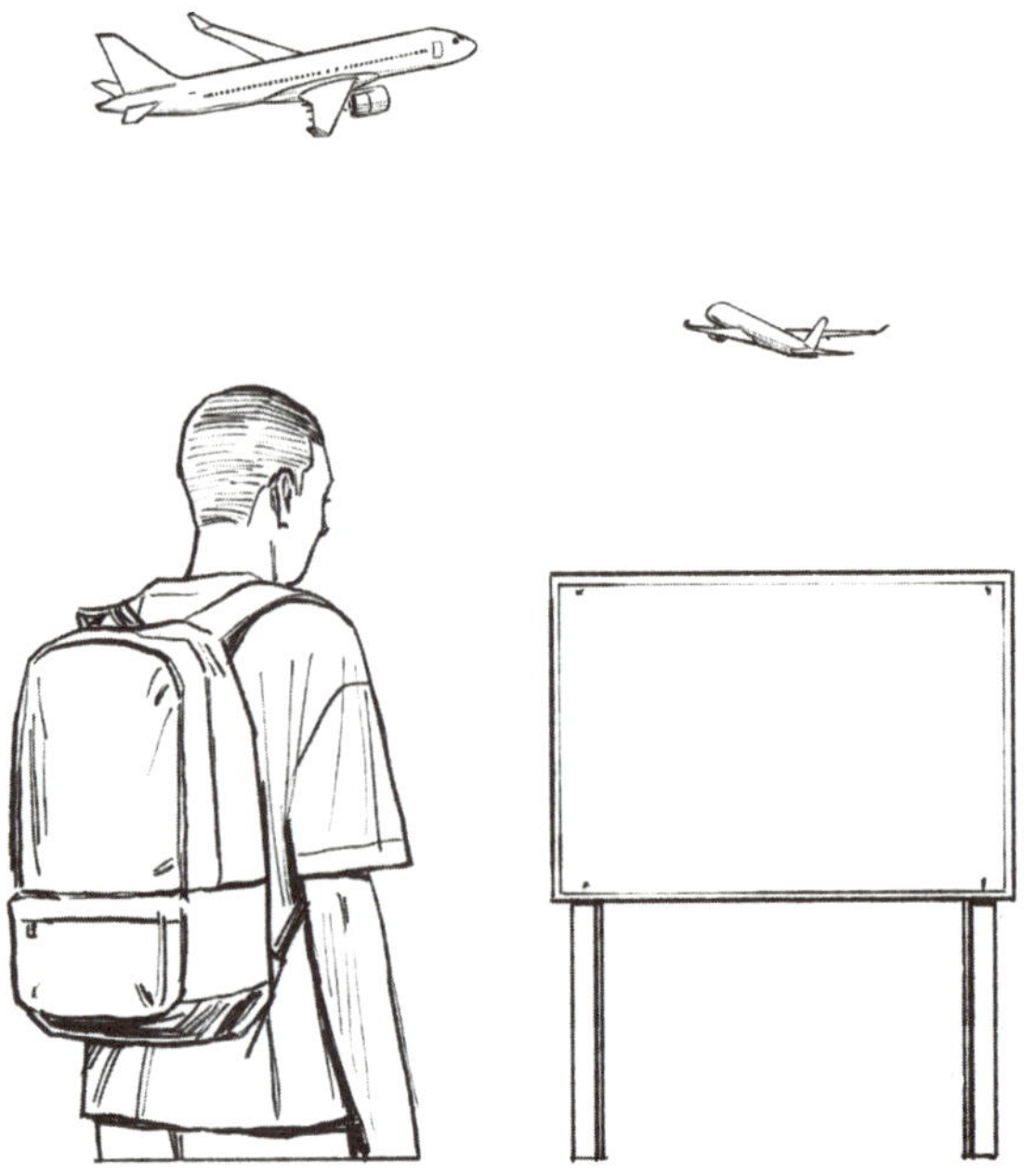

みなさんは、観光地に遊びに行ったときに、どういうポイントをよく確認しますか？　美しい自然でしょうか？　その地域でしか観られない建造物でしょうか？

それらを知って自分の教養にしていくのは大変重要なことですが、しかしもう一つ、重要なポイントがあります。それが、「観光案内板」です。

観光地に行くと、そのスポットがどんな点で有名なのか、どんな歴史があるのかが案内板で説明されている場合が多いです。

「この説明を読んだ方がいいよ」という話ではありません。

そうではなくて、この説明が、何語で表記されているのかを確認しよう、ということです。その言語を見れば、その地域にどんな国の人が来ているのかがわかります。例えば、石川県金沢市にある兼六園は、日本風の自然が豊かな素晴らしい公園ですが、たくさんの外国人が訪れています。それに合わせて、スペイン語・イタリア語・フランス語など、たくさんの言語での案内がされています。これらの言語を見る限り、ヨーロッパの人が多く訪れている場所なんだなということが推測できますね。そして、タイ語での表記もされています。東南アジアだと、タイ人が多く訪れている場所なのではないかと類推することができますね。

今、外国人の訪日観光客数はどんどん増えています。2023年に日本を訪れた外国人観光客の数は、2500万人を超えました。旅行消費額は計5兆3065億円で過去最高を記録しています。いろんな国の人が日本を訪れていて、地球の裏側から日本に来る人も、15時間かけて日本に来る人も少なくありません。

しかし、日本のどんなところが外国人から評価されているのかについて、みなさんは知っていますか？　観光は「光を観る」と書きます。その「光」をどこに見出すかというのは、日本に生きている我々だけでは、わからないものだったりします。

ドイツの人は、徳島県の三好市に訪れる人が多いです。何を観にくるかというと、「カカシ」です。三好市には人口よりもカカシが多い里があり、その風景をドイツ人は「可愛い！　素晴らしい！」と言って日本を訪れるのです。日本人はあまり観光に訪れない地域ですが、ドイツ人からは「光」だと認識されているわけです。

「外国人観光客は、日本に来て、日本のどこに光を感じているのか？」

「我々が認識していないところに、光があるのではないか？」

それを考えるために、案内が何語で表記されている場合が多いのかを確認するというのはとても重要なことなのです。ちなみにこれは観光地に限った話ではありません。ある対象がある人にとってどんな魅力を持っているのか、それを知ることが、対象の真の価値を知ることにつながるのです。ビジネスの場で役に立つこともあるかもしれないので、ぜひ、参考にしてみてください。

Theme

31

「趣味がない」と聞いて、「趣味が多い」と解釈する

「ない」という言葉が、実は「多い」という意味である場合がある……と言ったらみなさんはどう思うでしょうか？　おそらく、「何かのなぞなぞ？」と考える人がほとんどだと思います。しかし実は、意外と日常会話の中で、「ない」が「多い」を意味する場合が多いのです。例えば、友達が「私って趣味がないんだよね」と言ったとします。スポーツであれば野球やスキーが趣味だとか、インドア派の趣味であればテレビゲームやスマホゲームなど、いろんなものが考えられるわけですが、「私って趣味がないんだよね」というのは、それらのいろんな選択肢の中でこれといったものを実践しているわけではない、という意味だと解釈すると思います。

でも、「趣味がない」って、本当に趣味がないんでしょうか？

「趣味がない」というのは、多くの場合、「（これといった）趣味がない」という意味で使われますよね。そして、「これといった趣味がない」というのは、「スポーツもテレビゲームも何をやったことがない」という意味で使われるよりも、「一定程度、スポーツもゲームも観たりやったりすることはあるけれど、1つのものにのめり込んで実践しているわけではない」という意味で使われている場合の方が多いのではないでしょうか。

つまり、「趣味がない」って、「いろんな趣味があって決められない」という意味と同義だったりします。そう考えると、**「趣味がない」＝「趣味が多い」なのです。「無趣味」＝「多趣味」という考え方もできてしまう**わけです。

もちろん、本当に仕事か勉強しかしておらず、趣味になんてかまけている時間はない！　というストイックな人もいるかもしれませんが、おそらくそういう人は稀でしょう。一定自由時間があって、その時間をいろんなものに使っていて、1つのものに使っているわけではないからこそ、「趣味がない」と表現している場合が多いわけです。

違う話を例に出しましょう。

「夢がない」という若者は多いです。大学に行って教授になるとか、お医者さんになって人を助けるとか、先生になって人に勉強を教えるとか、いろんな選択肢があるけれど、これといった夢がない、という人です。

でもこれも、先ほどのロジックで言えば、「夢がない」のではなく「夢が多い」なのではないでしょうか。医者になるのもいいし、先生になるのもいい。社長になるのもいいし、宇宙飛行士になるのもいい。いろんな夢があって、1つに絞ることができないから、「夢がない」と表現している場合がとても多いのです。

もちろん、「先生にも、お医者さんにも、お金持ちにも、なりたくない」と言っているのであれば、それは本当に「夢がない」だと思いますが、しかし「お金持ちにもなりたくないし、みんなから尊敬されるような状態にもなりたくない」って人はほとんどいないでしょう。そういう人は、「夢がない」のではなく「大人になりたくない」というのが正しいのではないでしょうか。

でも、おそらく多くの人は、**「夢がない」のではなく、「夢が多いから、選べない」という話なのではないか**と思います。

趣味も夢も、それ以外の物事も含めて、「ない」というのは本当は、「(選択肢が多すぎて選べ)ない」の略かもしれません。そう考えた方がポジティブにもなれます。

相手の言葉を額面通りに受け取るのではなく、その背景にある真意を推測することで、物事を前向きにとらえたり、コミュニケーションを円滑にしたりすることができるかもしれません。

ぜひ、参考にしてみてください。

Theme

32

売れている本を見て、「今、日本人はどんな悩みを持っているのか」で考える

みなさんは本屋さんに行きますか？　本屋さんには、いろんなコーナーがありますね。勉強の本もあれば、ビジネスの本もあり、新刊のコーナーもあり……。みなさんは、どのコーナーに真っ先に行くでしょうか？

さて、本屋さんに行くモチベーションは人それぞれだと思いますが、**新刊のコーナーや売れ筋のコーナーをよく観察していると、見えてくることがあります。それは、「人が何に悩んでいるのかがわかる」というもの**です。

テニスの試合を見ているとき、客席を見れば、どっちにボールがあるかがわかると言われています。お客さんが右を向いていれば右にボールがあるということで、左を向いていれば左にボールがある。試合を見なくても、客席だけ見ていればどういう状況なのかわかるわけです。これと同じで、本を見れば、その本を買う人の悩みというのが見えてきます。

ベストセラーの棚や、ａｍａｚｏｎの書籍売れ筋ランキングを見てみましょう。

基本的に、ニーズ・需要があるからそのテーマの本が売れるわけです。であれば、「ベストセラーとして売れている＝それくらいそのことについて悩んでいる人が多い」と解釈することができるわけですね。

例えば、「論理的思考を身に付けよう！」という本が「ベストセラー」の棚に置いてあったとします。それはきっと「論理的思考を身に付けたい」「論理的思考がなかなか身に付いていない」という悩みを持っている人が多いということだと考えられます。投資の本が売れていたら「やっぱり投資ブームなんだな」と考えられますし、チームビルディングの本が売れていたら「チームで働くことについて、困っている人が多いのかもしれない」と解釈することができます。

ベストセラーの棚だけでなく、他のコーナーを見てみても、面白いかもしれません。例えば、昔は「親御さん向けの子育て本」は、あまり本屋さんにコーナーとして置かれてはいませんでした。でも、2010年以降、どんどんそういった本が売れて、親御さん向けの子育て本コーナーが作られるようになったのです。これは、「子育てについて、悩む人が増えた」ということと同義でしょう。

なぜ、子育てについて悩む人が増えたのか？　親同士の関わりが昔に比べて減って、子育ての悩みを打ち明けられないお母さんが増えたこと、また1人っ子の数が増えたことで2人以上育てていた親御さんが「上のお兄ちゃんでこうしたから、下の弟はこう育てよう」というような感覚を持つことができなくなったこと、核家族化で祖父や祖母に頼れなくなってしまったことなどが考えられます。子育て本コーナーにいろんな本があるのを見て、そんな発想を持つこともできるわけです。

本は、人の悩みを反映するものです。だからこそ、本を見れば悩みを知ることができます。多くの人が抱えるその悩みは、社会背景や政治の情勢、時代の移り変わりを示したものでもあります。

今自分が生きている世界がどんな状況に置かれているのか、本屋さんを見ればわかるといっても過言ではないでしょう。

ぜひそんな風に考えながら本屋さんを巡ってみてください。

Column

コラム　教養を持っている人が見ている世界

ゴジラが東京タワーを壊すのを見て、「日本独特だ」と感じる

みなさんは、アニメや特撮映画で怪獣が登場する物語を見たことがありますか？　日本には、怪獣が登場する映像作品はとても多いです。ゴジラとかモスラとかウルトラマンとか、いろんな作品で怪獣が登場し、そして最終的には正義のヒーローたちによって葬られています。そしてそんな中で、東京タワーって、実は何百回も壊されています。もちろんそれは、映像作品の中だけの話ですが、特撮映画やアニメの中で、東京タワーは何度も何度も何度も、怪獣によって倒壊させられているのです。

みなさんにとって、この「建物の倒壊」は「当たり前」の光景だと思うかもしれませんが、実はこれ、「当たり前」ではないのです。

例えば海外の映画で怪獣が登場しても、その多くは建物を壊したりはしません。キングコングという巨大な類人猿が登場する映像作品では、エンパイヤステートビルに登るということはしますが、登るだけで、壊したりはせずに降りてきます。日本人的な感覚では「え！　壊さないの!?」と思ってしまいますね。なぜ、日本と海外で、怪獣の行動が違うのでしょうか？

この理由は、「日本人は慣れているから」だと考えられます。

地震が多くて、建物が倒壊するニュースなども結構多く報道される日本。もちろんそれを「当たり前」と思って見ているわけではないですが、しかし日本人は少なくとも「慣れて」いると言えます。そもそも東京タワーのある東京だって、20世紀の間に、2回も「建物のほとんどがなくなるくらいの出来事」が起こっています。

1923年の関東大震災と、第二次世界大戦のときの東京大空襲ですね。関東大震災は、死者・行方不明者の数は約14万人と言われており、日本の自然災害史上最悪と考えられています。また東京大空襲は、爆撃機により東京が一面焼け野原になるような出来事だったと言われています。そんな出来事があって、その後に東京タワーは復興の象徴として作られています。だから、ゴジラが東京タワーを壊すのは、「地震や戦争に匹敵する出来事」として捉えられるわけです。逆にゴジラが東京タワーを壊さないと、「地震や戦争よりも規模の小さいイベント」として受け入れられてしまう可能性が高いです。

また、建物の材質も違います。海外では石でできた建物が多いですが、日本は昔から木の家が主流でした。そして木の家って、壊れてしまうことが多いのに対して、石やセメントでできた建物は長持ちします。法隆寺は世界最古の木造建築物で607年にできた建物ですが、万里の長城が作られ始めたのは紀元前7世紀だと言われています。ピラミッドなんて、約4700年前に作られたと言われているくらいです。建物に対する考え方が、海外と日本では全然違っているというわけです。

最近、人気漫画『呪術廻戦』でも、アニメで「渋谷事変」というエピソードが登場し、渋谷がしっちゃかめっちゃかになりました。漫画でも新宿の建物がバタバタと倒れる展開が続いています。建物を壊して、その登場キャラクターの力を誇示するのは日本の漫画・映像作品ではもはや鉄板になっていますが、それは日本の作品の独自技法だと考えられるわけですね。

コラム　教養を持っている人が見ている世界

「2名様」と「お二人」の違い

「2名様でお待ちの、○○様！」とレストランで言われたことはありますか？　名前を書いて待っていたら、店員さんに名前を呼ばれるという経験、おそらく何度かある人は多いと思います。でも、同じようにレストランで順番を待つとき、タブレットに「現在二人待ち」というように表示されることってありますよね。あとは料理も「二人前」と表現して、「2名前」とは書きませんよね。

このように、「2名」と「二人」は別のものとして扱われるわけですが、これって、どう違うのでしょうか？　どんな使い分けがされているものなのでしょうか？

この使い分けは、個人を特定できるかできないかによって行われると言われています。一人一人の個人が特定できる場合は「名」で、できない場合は「人」と表現しているのだそうです。わかりやすくするなら、「名前がわかるときは名で、わからないときは人」だと考えてもらえればいいと思います。

例えば飲食店の順番待ちをしているとき、「山田」とか「斉藤」とか、名前がわかりますよね。店員さんが名前を確認したりして個人を特定できるので「2名」となります。

会社の社員数・学校の生徒数も、個人を特定できるわけですから「101名の社員」「312名の生徒」などと、「名」を使うことになります。

逆に、個人が特定できないときは「人」です。「この駅は毎日500人が使っています」は個人を特定しませんよね。「この地域には約10000人が住んでいます」というときも、「約」とついていることからもわかるように、個人にフォーカスしているのではなく人数にフォーカスしている話し方なので「人」となります。

そう考えてみると確かに、「約300名」って言わないですよね。また「二人前」は、「田中さんと佐藤さんの二人が食べるもの」ではなく、「誰が食べるかはわからないけど、おそらく二人分くらいの分量」のことですから、特定されていないわけですね。

ちょっとした言葉の違いですが、知っておくだけで割と便利ですし、間違えることがなくなると思います。ぜひ覚えておいてください。

コラム　教養を持っている人が見ている世界

「空発注」はなぜ犯罪行為なのか？

「空」と聞いて、みなさんはどんなイメージを持ちますか？　上を向いたら存在する青い空・英語で言えば「ｓｋｙ」をイメージする人もいれば、何もない空間・空っぽの状態・英語で言えば「ｖａｃａｎｔ」な状態を想像する人もいることと思います。

例えば、みなさんは「空発注」と聞いてどんなイメージを持ちますか？　おそらくは、「何も発注できていない状態」というイメージが多いのではないかと思うのですが、実はそれは違います。

例えば「空」を使った他の熟語を考えてみましょう。「空耳」という言葉を知っていますか？「この曲の歌詞が、こんな風に聞こえた！　空耳だ！」というように使います。これは、上空にある青空のことを示しているわけではないですし、逆になにも聞こえないことを示しているわけでもありませんよね。これは、「本来聞こえるべき言葉ではなく、誤って異なる言葉が聞こえてしまうこと」を指します。同じように、「空目」と言ったら何も見えないことを指すのではなく、「間違って見えること」を指すのです。このように空には「虚構や間違い」「本来ないはずのものがあるかのように感じる」という意味があり、そう考えると「空発注」の意味は全然違ってきます。「空発注」とは、言ってしまえば「架空の発注のこと」です。本当はそんな発注がないのに、うそをついてそんな発注があるかのようにしてしまうことなのです。明確な不正行為であり、悪意のある詐欺に近い行為ですね。

言葉にはいろんな意味があり、意外な言葉に意外な意味があることもあります。間違って解釈すると、反対の意味になってしまうこともしばしばあるわけです。

ぜひ気をつけてみてください。

コラム

教養を持っている人が見ている世界

国産牛と和牛の違いとは

みなさんは、「国産」という表記をどれくらい見かける機会があるでしょうか？おそらくスーパーに行ったりレストランに行ったりしたら、見ることができる表記だと思います。そして、「国産の牛肉」「国産の魚」のように、国産とついているものは、「外国産じゃないから、なんとなく安全なんじゃないか」と感じて、「食べよう」と思うことが多いのではないでしょうか。

でも、実は「国産」って、日本産であることを意味しないのです。例えば、「国産ウナギ」と表記されていても、外国で生まれたうなぎを、稚魚の状態で日本に連れてきて、その稚魚を養殖で日本で育てたものを「国産」と呼んでいる場合もあります。「え、それって外国産じゃん！」と思う人もいるかもしれませんが、「国産」の定義は、育った期間が一番長い地域が日本国内のものです。

国産品（国内における飼養期間が外国における飼養期間（二以上の外国において飼養された場合には、それぞれの国における飼養期間。以下同じ。）より短い家畜を国内でと畜して生産したものを除く。）にあっては国産である旨を、輸入品（国内における飼養期間が外国における飼養期間より短い家畜を国内でと畜して生産したものを含む。）にあっては原産国名（二以上の外国において飼養された場合には、飼養期間が最も長い国の国名）を表示する。

（食品表示基準 第18条 第1項 第2号のイより）

食品表示基準では、こうなっています。牛も魚も、日本で育った時間が長ければ「国産」になるわけです。オーストラリアで生まれた牛を日本に連れてきて育てても、日本で育った期間が長ければ「日本産」「国産」になるわけですね。ちょっと法の抜け穴って感じがしますよね。騙された！　と思う人もいるかもしれません。

これに対して、「和牛」という表記は、厳密です。いくつかのルールを守らないといけませんから、外国で生まれたものなどはほとんどありません。「国産牛」は外国で生まれた牛の可能性もあるけど、「和牛」はその可能性はほとんどないわけです。もし気になる人は、「和牛」を買うといいのではないでしょうか？

Column

コラム 教養を持っている人が見ている世界

英語では天の川をなぜ「ミルキーウェイ」と呼ぶのか

英語では天の川を、「ミルキーウェイ」と表現するそうです。直訳すると「牛乳の道」となります。日本人の感覚で言うと、なんだかおかしなイメージですよね。だって、天に浮かぶ星々が「牛乳」には見えないですよね。確かに白く光っているので、そう見えないこともないですが、不思議に思う人が多いのではないでしょうか？

このように、「その国独自の見え方」というのはいろいろあります。例えば月の模様は独特で、日本では餅をつくウサギと表現されています。でも南ヨーロッパではカニだったり、南アメリカではロバだったり、東ヨーロッパやアメリカでは髪の長い女性の姿だと言われています。国によって見え方が違うわけですね。

そしてこれらは、その国の文化と密接に関わっている可能性があります。

例えばアメリカでは、牛はとてもポピュラーな生き物です。現在のデータで見ても、アメリカだとなんと1億頭近く飼育されていて、年間で1億トンもの牛乳を生産しています。それに対して日本は、750万トンしか生産していません。英語圏と比べると、あまり牛や牛乳が多くないわけです。だから日本では天の川が牛乳には見えず、逆に英語圏の人にとっては普段から見ているので「牛乳」に見える、ということなのかもしれません。

ちなみに、英語では「牛」という意味の英単語はたくさん存在します。

〈家畜〉cattle
〈雌牛〉cow
〈雄〉bull
〈去勢牛〉bullock
〈牛肉〉beef
〈子牛〉calf

〈生物学上の言い方〉 o x

これに各部位名も加えたらもっとあることになります。

このように、言語を勉強しているとその国の文化が見えてくることがあります。もしみなさんがこれからどこかの国のことが知りたいとなったら、まずは言語を勉強し、その言語の中で「多く使い分けられている言葉」を調べてみるといいかもしれませんね。

おわりに

東大にいると、「頭がいい人っていいな、本当に羨ましいな」、と思うことがたくさんあります。同じ映画を観ているはずなのに「今のってあの話のパロディだよな～」と話し出したり、同じ道を歩いているはずなのに「うわ、この花ってすごく珍しいな」と言い出したり。同じ世界に生きているはずなのに、世界全体が違って見えている場合があるわけです。

それを見たときに自分が感じたのは、「ああ、もうちょっと勉強しておけばよかったなあ」ということでした。もう少し勉強していたら、この人たちと同じように、楽しめたかもしれない。もう少し勉強していたら、自分も盛り上がっている側だったかもしれない、と。その経験から、僕は「もっと勉強しよう」と思い、その輪の中に入るために本を読んだり、より専門的な勉強をしたりするようになりました。

この本では、そんな僕が「頭がいい人になると、どれだけ人生が楽しいのか」ということを語らせていただきました。東大生が見ている世界がいかに楽しいのか、どんなに世界が色鮮やかに見えているのかということについてまとめさせていただきました。

「おもしろき　こともなき世を　おもしろく」

というのは高杉晋作の辞世の句ですが、この言葉は本当に正しいと思います。

世の中が面白く感じられないとしたら、もしかしたらそれは自分達の側の問題なのかもしれない。今は面白く感じられない景色も、勉強して教養が身に付いたら、もしかしたら全然違う色合いを持つようになるのかもしれない。世界が、変わるかもしれないわけです。

この本を通して、そんな期待を感じてもらえれば幸いです。

ありがとうございました。

頭《あたま》のいい人《ひと》だけが知《し》っている世界《せかい》の見方《みかた》

2025年1月15日　初版発行

著者／西岡《にしおか》 壱誠《いっせい》

発行者／山下 直久

発行／株式会社KADOKAWA
〒102-8177　東京都千代田区富士見2-13-3
電話　0570-002-301(ナビダイヤル)

印刷所／大日本印刷株式会社

製本所／大日本印刷株式会社

●お問い合わせ
https://www.kadokawa.co.jp/（「お問い合わせ」へお進みください）
※内容によっては、お答えできない場合があります。
※サポートは日本国内のみとさせていただきます。
※Japanese text only

定価はカバーに表示してあります。

ISBN 978-4-04-607252-8　C0030